U0022858

書名：《羅經舉要》附《附三合天機秘訣》
系列：心一堂術數古籍珍本叢刊　堪輿類

主編、責任編輯：陳劍聰
心一堂術數古籍珍本叢刊編校小組：陳劍聰　素聞　梁松盛　鄒偉才　虛白盧主

出版：心一堂有限公司
通訊地址：香港九龍旺角彌敦道六一〇號荷李活商業中心十八樓〇五一〇六室
深港讀者服務中心．中國深圳市羅湖區立新路六號羅湖商業大廈負一層〇〇八室
電話號碼：(852)67150840
網址：publish.sunyata.cc
電郵：sunyatabook@gmail.com
網店：http://book.sunyata.cc
淘寶店地址：https://shop210782774.taobao.com
微店地址：https://weidian.com/s/1212826297
臉書：https://www.facebook.com/sunyatabook
讀者論壇：http://bbs.sunyata.cc/

版次：二零二一年四月初版
平裝

定價：港幣　一百八十元正
　　　人民幣　一百八十元正
　　　新台幣　七百二十元正

國際書號：ISBN 978-988-8058-65-5

香港發行：香港聯合書刊物流有限公司
地址：香港新界大埔汀麗路36號中華商務印刷大廈3樓
電話號碼：(852)2150-2100
傳真號碼：(852)2407-3062
電郵：info@suplogistics.com.hk

台灣發行：秀威資訊科技股份有限公司
地址：台灣台北市內湖區瑞光路七十六巷六十五號一樓
電話號碼：+886-2-2796-3638
傳真號碼：+886-2-2796-1377
網絡書店：www.bodbooks.com.tw
台灣國家書店讀者服務中心：
地址：台灣台北市中山區松江路二〇九號一樓
電話號碼：+886-2-2518-0207
傳真號碼：+886-2-2518-0778
網絡書店：http://www.govbooks.com.tw

中國大陸發行　零售：深圳心一堂文化傳播有限公司
深圳地址：深圳市羅湖區立新路六號羅湖商業大廈負一層〇〇八室
電話號碼：(86)0755-82224934

心一堂微店二維碼

心一堂淘寶店二維碼

心一堂術數古籍珍本叢刊 總序

術數定義

術數，大概可謂以「推算、推演人（個人、群體、國家等）、事、物、自然現象、時間、空間方位等規律及氣數，並或通過種種『方術』，從而達致趨吉避凶或某種特定目的」之知識體系和方法。

術數類別

我國術數的內容類別，歷代不盡相同，例如《漢書・藝文志》中載，漢代術數有六類：天文、曆譜、無行、蓍龜、雜占、形法。至清代《四庫全書》，術數類則有：數學、占候、相宅相墓、占卜、命書、相書、陰陽五行、雜技術等，其他如《後漢書・方術部》、《藝文類聚・方術部》、《太平御覽・方術部》等，對於術數的分類，皆有差異。古代多把天文、曆譜、及部份數學均歸入術數類，而民間流行亦視傳統醫學作為術數的一環；此外，有些術數與宗教中的方術亦往往難以分開。現代學界則常將各種術數歸納為五大類別：命、卜、相、醫、山，通稱「五術」。

本叢刊在《四庫全書》的分類基礎上，將術數分為九大類別：占筮、星命、相術、堪輿、選擇、三式、讖緯、理數（陰陽五行）、雜術。而未收天文、曆譜、算術、宗教方術、醫學。

術數思想與發展——從術到學，乃至合道

我國術數是由上古的占星、卜蓍、形法等術發展下來的。其中卜蓍之術，是歷經夏商周三代而通過「龜卜、蓍筮」得出卜（卦）辭的一種預測（吉凶成敗）術，之後歸納並結集成書，此即現傳之《易經》。經過春秋戰國至秦漢之際，受到當時諸子百家的影響、儒家的推崇，遂有《易傳》等的出現，原本是卜著術書的《易經》，被提升及解讀成有包涵「天地之道（理）」之學。因此，《易・繫辭傳》曰：「易與天地準，故能彌綸天地之道。」

漢代以後，易學中的陰陽學說，與五行、九宮、干支、氣運、災變、律曆、卦氣、讖緯、天人感應說等相結

合，形成易學中象數系統。而其他原與《易經》本來沒有關係的術數，如占星、形法、選擇，亦漸漸以易理（象數學說）為依歸。《四庫全書．易類小序》云：「術數之興，多在秦漢以後。要其旨，不出乎陰陽五行，生尅制化。實皆《易》之支派，傅以雜說耳。」至此，術數可謂已由「術」發展成「學」。

及至宋代，術數理論與理學中的河圖洛書、太極圖、邵雍先天之學及皇極經世等學說給合，通過術數以演繹理學中「天地中有一太極，萬物中各有一太極」（《朱子語類》）的思想。術數理論不單已發展至十分成熟，而且也從其學理中衍生一些新的方法或理論，如《梅花易數》、《河洛理數》等。

在傳統上，術數功能往往不止於僅僅作為趨吉避凶的方術，及「能彌綸天地之道」的學問，亦有其「修心養性」的功能，「與道合一」（修道）的內涵。《素問．上古天真論》：「上古之人，其知道者，法於陰陽，和於術數。」數之意義，不單是外在的算數、歷數、氣數，而是與理學中同等的「道」、「理」──心性的功能，北宋理氣家邵雍對此多有發揮：「聖人之心，是亦數也」、「萬化萬事生乎心」、「心為太極」。《觀物外篇》：「先天之學，心法也。……蓋天地萬物之理，盡在其中矣，心一而不分，則能應萬物。」反過來說，宋代的術數理論，受到當時理學、佛道及宋易影響，認為心性本質上是等同天地之太極。天地萬物氣數規律，能通過內觀自心而有所感知，即是內心也已具備有術數的推演及預測、感知能力；相傳是邵雍所創之《梅花易數》，便是在這樣的背景下誕生。

《易．文言傳》已有「積善之家，必有餘慶；積不善之家，必有餘殃」之說，至漢代流行的災變說及讖緯說，我國數千年來都認為天災，異常天象（自然現象），皆與一國或一地的施政者失德有關；下至家族、個人之盛衰，也都與一族一人之德行修養有關。因此，我國術數中除了吉凶盛衰理數之外，人心的德行修養，也是趨吉避凶的一個關鍵因素。

術數與宗教、修道

在這種思想之下，我國術數不單只是附屬於巫術或宗教行為的方術，又往往已是一種宗教的修煉手段──通過術數，以知陰陽，乃至合陰陽（道）。「其知道者，法於陰陽，和於術數。」例如，「奇門遁甲」術中，即分為「術奇門」與「法奇門」兩大類。「法奇門」中有大量道教中符籙、手印、存想、內煉的內容，是道教內丹外法的一種重要外法修煉體系。甚至在雷法一系的修煉上，亦大量應用了術數內容。此外，相術、堪輿術中也有修煉望氣色的方法；堪輿家除了選擇陰陽宅之吉凶外，也有道教中選擇適合修道環境（法、財、侶、地中的地）的方法，以至通過堪輿術觀察天地山川陰陽之氣，亦成為領悟陰陽金丹大道的一途。

易學體系以外的術數與的少數民族的術數

我國術數中，也有不用或不全用易理作為其理論依據的，如楊雄的《太玄》、司馬光的《潛虛》。也有一些占卜法、雜術不屬於《易經》系統，不過對後世影響較少而已。

外來宗教及少數民族中也有不少雖受漢文化影響（如陰陽、五行、二十八宿等學說）但仍自成系統的術數，如古代的西夏、突厥、吐魯番等占卜及星占術，藏族中有多種藏傳佛教占卜術、苯教占卜術、擇吉術、推命術、相術等；北方少數民族有薩滿教占卜術；不少少數民族如水族、白族、布朗族、佤族、彝族、苗族等，皆有占雞（卦）草卜、雞蛋卜等術，納西族的占星術、占卜術，彝族畢摩的推命術、占卜術⋯⋯等等，都是屬於《易經》體系以外的術數。相對上，外國傳入的術數以及其理論，對我國術數影響更大。

曆法、推步術與外來術數的影響

我國的術數與曆法的關係非常緊密。早期的術數中，很多是利用星宿或星宿組合的位置（如某星在某州或某宮某度）付予某種吉凶意義，并據之以推演，例如歲星（木星）、月將（某月太陽所躔之宮次）等。不過，由於不同的古代曆法推步的誤差及歲差的問題，若干年後，其術數所用之星辰的位置，已與真實星辰的位置不一樣了；此如歲星（木星），早期的曆法及術數以十二年為一周期（以應地支），與木星真實周期十一點八六年，每幾十年便錯一宮。後來術家又設一「太歲」的假想星體來解決，是歲星運行的相反，週期亦剛好是十二年。而術數中的神煞，很多即是根據太歲的位置而定。又如六壬術中的「月將」，原是立春節氣後太陽躔娵訾之次而稱作「登明亥將」，至宋代，因歲差的關係，要到雨水節氣後太陽才躔娵訾之次，當時沈括提出了修正，但明清時六壬術中「月將」仍然沿用宋代沈括修正的起法沒有再修正。

由於以真實星象周期的推步術是非常繁複，而且古代星象推步術本身亦有不少誤差，大多數術數除依曆書保留了太陽（節氣）、太陰（月相）的簡單宮次計算外，漸漸形成根據干支、日月等的各自起例，以起出其他具有不同含義的眾多假想星象及神煞系統。唐宋以後，我國絕大部份術數都主要沿用這一系統，也出現了不少完全脫離真實星象的術數，如《子平術》、《紫微斗數》、《鐵版神數》等。後來就連一些利用真實星辰位置的術數，如《七政四餘術》及 選擇法中的《天星選擇》，也已與假想星象及神煞混合而使用了。

隨着古代外國曆（推步）、術數的傳入，如唐代傳入的印度曆法及術數，元代傳入的回回曆等，其中我國占星術便吸收了印度占星術中羅睺星、計都星等而形成四餘星，又通過阿拉伯占星術而吸收了其中來自希臘、巴比倫占星術的黃道十二宮、四元素學說（地、水、火、風），並與我國傳統的二十八宿、五行說、神煞系統並存而形成《七政四餘術》。此外，一些術數中的北斗星名，不用我國傳統的星名：天樞、天璿、天璣、天權、玉衡、開陽、搖光，而是使用來自印度梵文所譯的：貪狼、巨門、祿存、文曲，廉貞、武曲、破軍等，此明顯是受到唐代從印度傳入的曆法及占星術所影響。如星命術的《紫微斗數》及堪輿術的《撼龍經》等文獻中，其星皆用印度譯名。及至清初《時憲曆》，置潤之法則改用西法「定氣」。清代以後的術數，又作過不少的調整。

術數在古代社會及外國的影響

術數在古代社會中一直扮演着一個非常重要的角色，影響層面不單只是某一階層、某一職業、某一年齡的人，而是上自帝王，下至普通百姓，從出生到死亡，不論是生活上的小事如洗髮、出行等，大事如建房、入伙、出兵等，從個人、家族以至國家，從天文、氣象、地理到人事、軍事，從民俗、學術到宗教，都離不開術數的應用。如古代政府的中欽天監（司天監），除了負責天文、曆法、輿地之外，亦精通其他如星占、選擇、堪輿等術數，除在皇室人員及朝庭中應用外，也定期頒行日書、修定術數，使民間對於天文、日曆用事吉凶及使用其他術數時，有所依從。

在古代，我國的漢族術數，甚至影響遍及西夏、突厥、吐蕃、阿拉伯、印度、東南亞諸國、朝鮮、日本、越南等地，其中朝鮮、日本、越南等國，一至到了民國時期，仍然沿用着我國的多種術數。

術數研究

術數在我國古代社會雖然影響深遠，「是傳統中國理念中的一門科學，從傳統的陰陽、五行、九宮、八卦、河圖、洛書等觀念作大自然的研究。……傳統中國的天文學、數學、煉丹術等，要到上世紀中葉始受世界學者肯定。可是，術數還未受到應得的注意。術數在傳統中國科技史、思想史，文化史、社會史，甚至軍事史都有一定的影響。……更進一步了解術數，我們將更能了解中國歷史的全貌。」（何丙郁《術數、天文與醫學 中國科技史的新視野》，香港城市大學中國文化中心。）

可是術數至今一直不受正統學界所重視，加上術家藏秘自珍，又揚言天機不可洩漏，「（術數）乃吾國科學與哲學融貫而成一種學說，數千年來傳衍嬗變，或隱或現，全賴一二有心人為之繼續維繫，賴以不絕，其中確有學術上研究之價值，非徒癡人說夢，荒誕不經之謂也。其所以至今不能在科學中成立一種地位者，實有數困。蓋古代士大夫階級目醫卜星相為九流之學，多恥道之；而發明諸大師又故為惝恍迷離之辭，以待後人探索；間有一二賢者有所發明，亦秘莫如深，既恐洩天地之秘，複恐譏為旁門左道，始終不肯公開研究，成立一有系統說明之書籍，貽之後世。故居今日而欲研究此種學術，實一極困難之事。」（民國徐樂吾《子平真詮評註》，方重審序）

現存的術數古籍，除極少數是唐、宋、元的版本外，絕大多數是明、清兩代的版本。其內容也主要是明、清兩代流行的術數，唐宋以前的術數及其書籍，大部份均已失傳，只能從史料記載、出土文獻、敦煌遺書中稍窺一鱗半爪。

術數版本

坊間術數古籍版本，大多是晚清書坊之翻刻本及民國書賈之重排本，其中豕亥魚魯，或而任意增刪，往往文意全非，以至不能卒讀。現今不論是術數愛好者，還是民俗、史學、社會、文化、版本等學術研究者，要想得一常見術數書籍的善本、原版，已經非常困難，更遑論稿本、鈔本、孤本。在文獻不足及缺乏善本的情況下，要想對術數的源流、理法、及其影響，作全面深入的研究，幾不可能。

有見及此，本叢刊編校小組經多年努力及多方協助，在中國、韓國、日本等地區搜羅了一九四九年以前漢文為主的術數類善本、珍本、鈔本、孤本、稿本、批校本等千餘種，精選出其中最佳版本，以最新數碼技術清理、修復版面，更正明顯的錯訛，部份善本更以原色精印，務求更勝原本，以饗讀者。不過，限於編校小組的水平，版本選擇及考證、文字修正、提要內容等方面，恐有疏漏及舛誤之處，懇請方家不吝指正。

心一堂術數古籍珍本叢刊編校小組

二零零九年七月

羅经舉要

羅经者理氣之神物也。三針者理氣之全圖也。先約舉三盤之要者言之。正針之切要者五。其一八卦正方隅也。其二先天经盤十二支。定宮界也。其三二十四山一卦管三山也。其四七十二分金避二十四山之正中與界縫。取三七兼加之四十八金也。其五分金六十納音。用以定坐穴五行之局而起長生也。中針之切要者二。其一二十、四山。明地德之上應天星也。其二平分六十龍。及納音五行用以審龍乘氣者也。縫針之切要者三。其一地卦壬子双山。分水神之陰陽。明四大局之生旺互垣而同歸一墓也。其二天卦子癸双山明龍與水同姓之不交也。其三七百二十分金。用以避正針縫針之正中與界縫而取二八之沖和也。其餘多層皆可由此而推論焉。

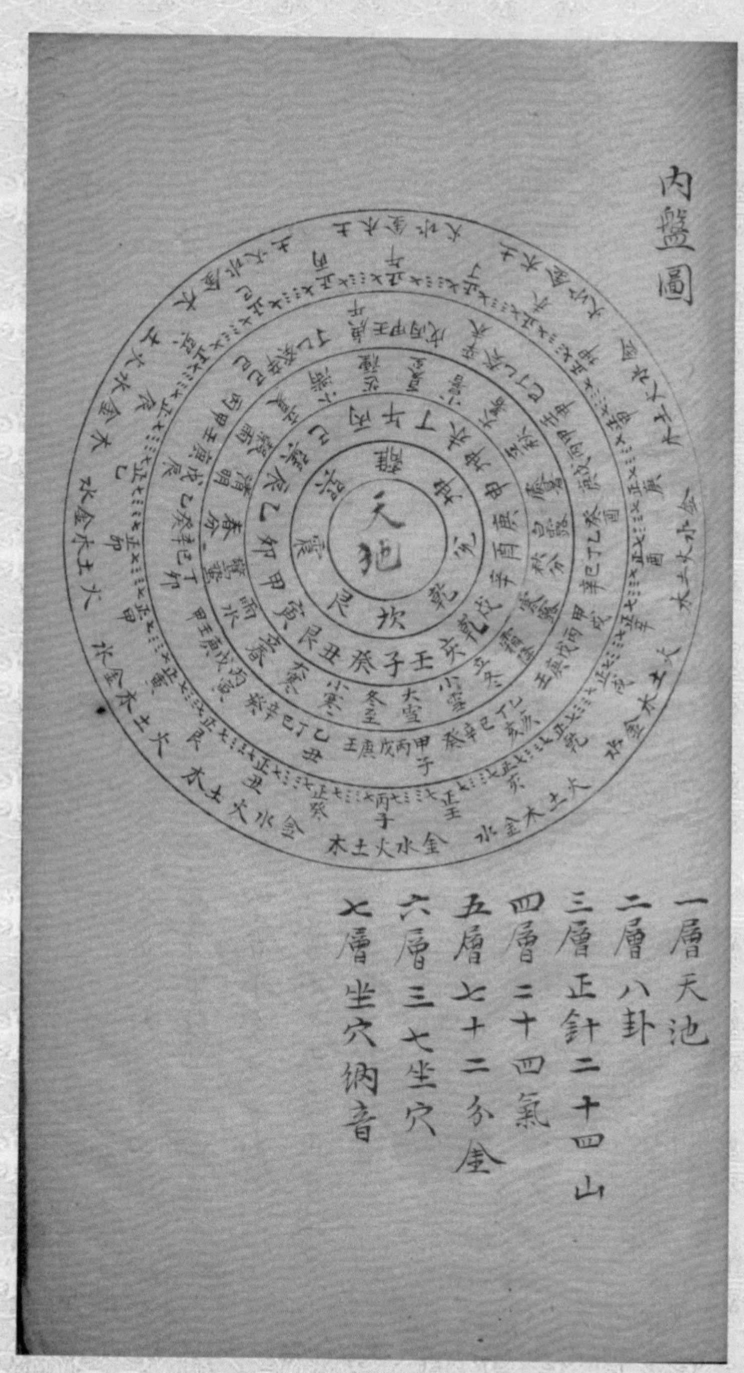

內盤圖

一層天池
二層八卦
三層正針二十四山
四層二十四氣
五層七十二分金
六層三七坐穴
七層坐穴納音

中盤圖

一層天池
二層正針二十四山
三層中針二十四位
四層平分六十龍
五層三七五五正干正支
六層六十龍納音

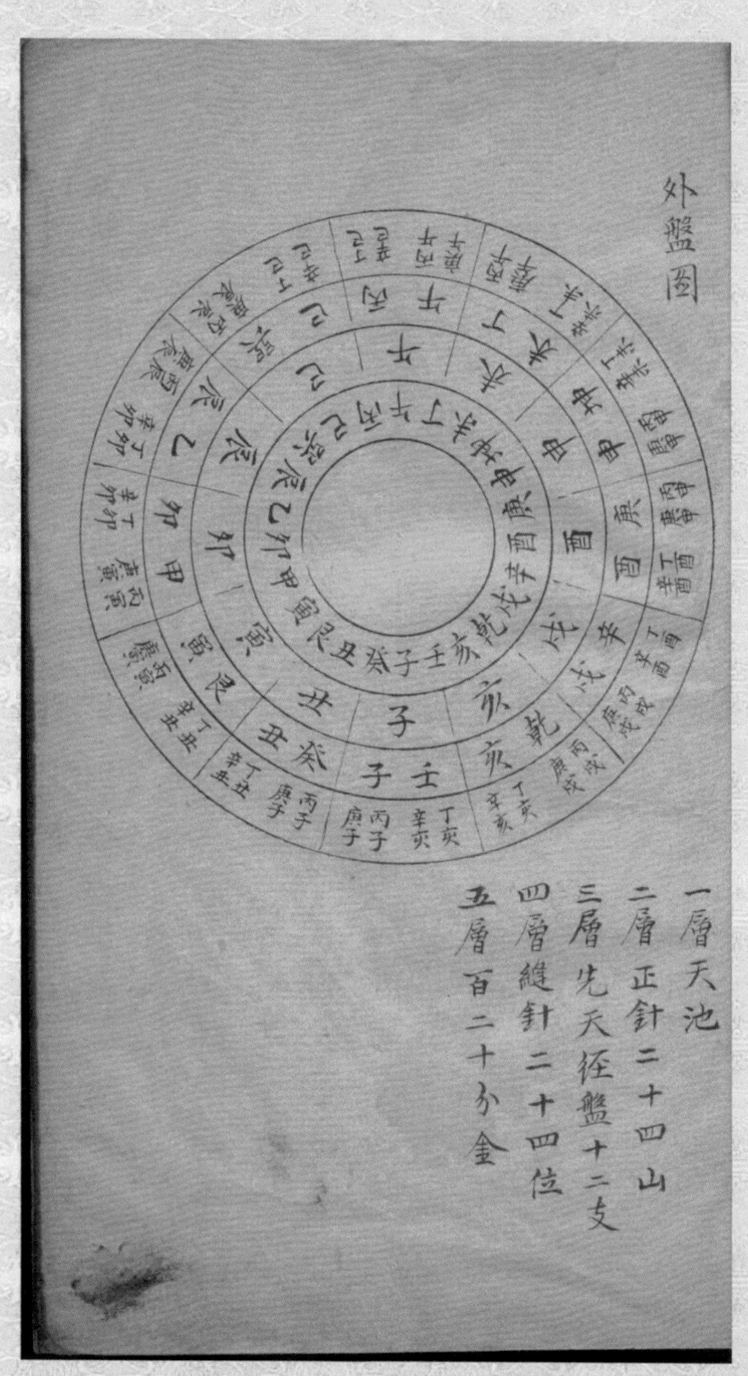

外盤圖

一層天池
二層正針二十四山
三層先天经盤十二支
四層縫針二十四位
五層百二十分金

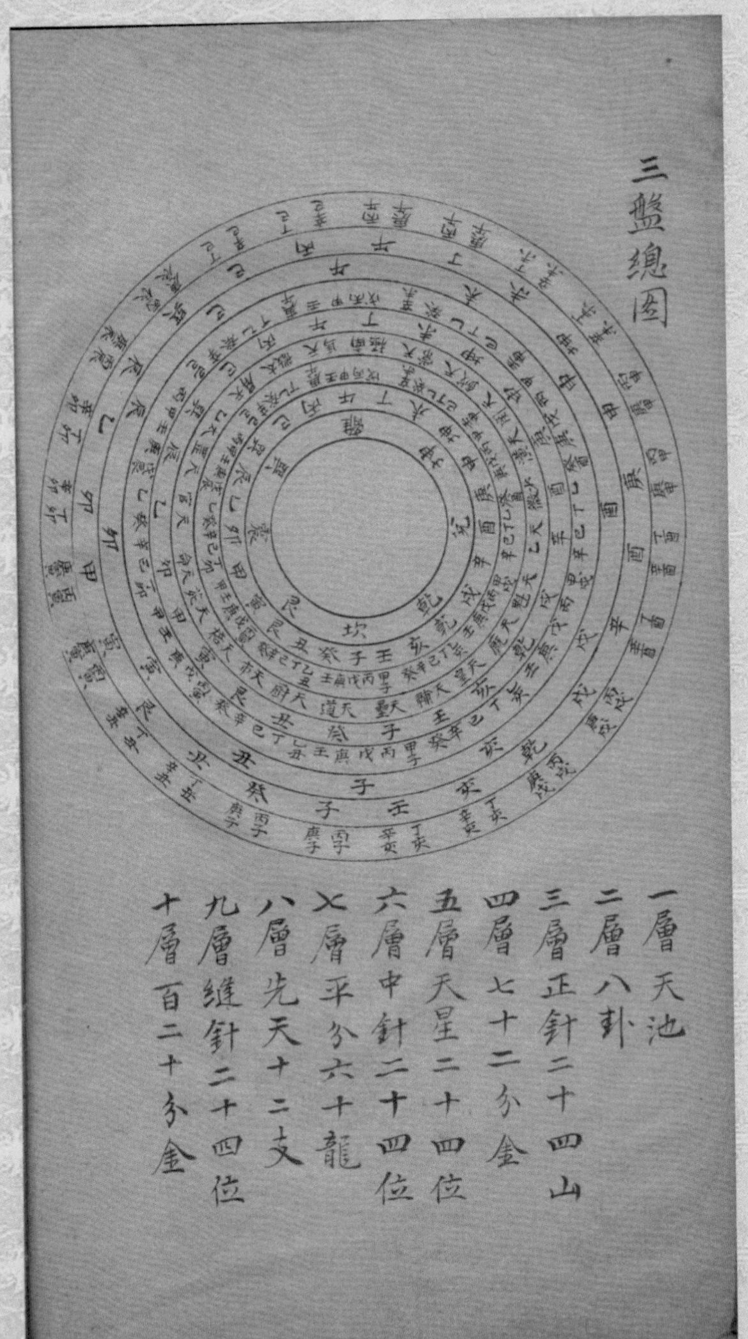
三盤總图
一層天池
二層八卦
三層正針二十四山
四層七十二分金
五層天星二十四位
六層中針二十四位
七層平分六十龍
八層先天十二支
九層縫針二十四位
十層百二十分金

○○○龍合向向合水天機秘訣

毘陵賈長吉南堂氏訂定

中針六十龍入首八干神

五亥五子五丑十五龍左右旋入首為陽陰為壬癸水龍○

五寅五卯五辰十五龍左右旋入首為陽陰為甲乙木龍○

五巳五午五未十五龍左右旋入首為陽陰為丙丁火龍○

五申五酉五戌十五龍左右旋入首為陽陰為庚辛金龍○

縫針二十四向三合水神

○凡立干維十二向為陽局○

生向四曰乾木坤水艮火巽金○

旺向四曰甲木丙火庚金壬水

墓向四曰乙水辛火丁木癸金○

其坤壬乙為陽水○

巽庚癸為陽金　艮丙辛為陽火　乾甲丁為陽木
凡立地支十二向為陰局　生向四曰子午卯酉　旺向四
曰寅申巳亥　墓向四曰辰戌丑未　其子申辰為陰金
午寅戌為陰木　卯亥未為陰水　酉巳丑為陰火
以上陰陽生旺墓共二十四向每向又有正配次配二局故
挨星通計四十有八局也

正配干維十二向

巽金乾木坤水艮火為陽局之四生向龍左旋入首宜收右
旺去迎生之水放左水出正庫于癸丁乙辛

庚金、甲木、壬水、丙火為陽局之四旺向。就右旋入首。宜收左生來會旺之水。放右水出巨庫于癸丁乙辛。或出衰方于辛乙癸丁。

癸金、丁木、乙水、辛火為陽局之四墓向。就右旋入首。宜左右生旺雙收。放右水出艮坤巽乾。

正配地支十二向

子金、午木、卯水、酉火為陰局之四生向。就右旋入首。宜收左旺去迎生之水。放右水出巨庫于巽乾坤艮。

申金、寅木、亥水、巳火為陰局之四旺向。就左旋入首。宜收右

生來會旺之水放左水出正庫於乙辛丁癸或出衰方于丁癸辛乙

辰金戌木未水丑火為寄宮与乙辛丁癸四向相同亦宜兩水夾抱朝堂其夾抱合襟之處又必偏右串正針之巽乾坤艮四維位上流出始合直流之格

以上正配二十四局玉尺經以四大局括之

其一曰乙丙趨戌凡東南山水發祖而水口在西北此乙丙趨戌之局也丙屬陽火乙屬陰木陽火之生旺墓在艮丙辛陰木之生旺墓在午寅戌此陰木就入首水自左倒右而局面向南

南偏东則立陽火旺之丙向以收生来會旺之水也。南偏西則立陰木生之午向以收旺去迎生之水也。如陽火龍入首局面向东北則水必自右倒左或立陰木旺之寅向。以收生来会旺之水。或立陽火生之艮向。以收旺去迎生之水也。若局面順水向西北則必立陽火墓之辛向。或陰木墓之戌向。生旺雙收。直流出煞仍倒右而出乾。凡此六向皆乙丙正配。龍向同歸于正庫者也。

一曰辛壬會辰。凡西北山水發祖而水口在東南者辛壬會辰之局也。壬屬陽水辛屬陰金陽水之生旺墓在坤壬乙陰金之生旺墓左子申辰也陰金龍入首水自左倒右而局面向北北偏西則立陽水旺之壬向以收生來会旺之水北偏东則立陰金生之子向以收旺去迎生之水也若陽水龍入首局面左西南則水必自右倒左或立陰金旺之申向以收生来会旺之水或立陽水生之坤向以收旺去迎生之水也若局面順水向东南則必立陽水墓之乙向或陰金墓之辰向生旺双收直流出煞仍倒右而出巽巳此六向皆辛壬正配龍向同歸於正庫者也

一曰牛納丁庚凡西南山水發祖而水口在东北此牛納丁庚之局也庚屬陽金丁屬陰火陽金之生旺墓在巽庚癸陰火之

生旺墓在酉巳丑。以陰火説入首。水自左倒右。而局面向西。西偏南。則立陽金旺之庚向。以收生来会旺之水。西偏北。則利立陰火生之酉向。以收旺去迎生之水也。若陽金説入首。局面向东南。則水必自右倒左。或立陰火旺之巳向。以收生来会旺之水。或立陽金生之巽向。以收旺去迎生之水也。若局面順水向东北。則必立陽金墓之癸向。或陰火墓之丑向。生旺双收。直流出煞。仍倒右而出艮。凡此六向。皆丁庚正配。説向同歸於正庫者也。

一曰羊收癸甲。

凡东北山水發祖。而水口在西南。此羊收癸甲之局也甲屬陽木癸屬陰水陽木之生旺墓在乾甲丁陰水之生旺墓在卯亥未如陰水龍入首水自左倒右而局面向东东偏北則立陽木旺之甲向以收生來会旺之水也东偏南則立陰水生之卯向以收旺去迎生之水也如陽水龍入首局面向西北則水必自右倒左或立陰水旺之亥向以收生來会旺之水或立陽木生之乾向以收旺去迎生之水也氣局面順水向西南則必立陽木墓之丁向或陰水墓之未向生旺双收直流出煞仍倒右而出坤凡此六向皆癸甲匹配龍向同歸于匹庫者也

以上四大局每局各得六向其入首龍神與向首水神皆生旺互垣而同歸於正庫之一路故曰正配也此外尚有借配二十四局則不拘拘於生旺之互垣但乙不配甲辛不配庚丁不配丙癸不配壬名曰同姓不婚蓋以娶同姓則不免於破旺沖生其借配之二十四局則亦皆能截住生旺於向首無也

借配二十四局其水口之正庫借庫文庫有入首向首之不同

陽木龍甲向申辛旺而水出丁口甲正庫辛衰方辛配甲也

陰金龍辛向甲陽木旺而水出乙口辛正庫甲衰方甲配辛也

陽火龍丙向亥癸之旺而水出辛口。丙正庫癸衰方癸配丙也。

陰水龍癸向丙陽火旺而水出丁口。癸正庫丙衰方丙配癸也。

陽金龍庚向寅乙之旺而水出癸口。庚正庫乙衰方乙配庚也。

陰木龍乙向庚陽金旺而水出辛口。乙正庫庚衰方庚配乙也。

陽水龍壬向巳丁之旺而水出乙口。壬正庫丁之衰丁配壬也。

陰火龍丁向壬陽水旺而水出癸口。丁正庫壬衰方壬配丁也。

此八局之水口既合向首水神之衰方名曰借庫又合入首龍神之正庫也。

陽木龍甲向申陰金旺而水出乙口。辛正庫甲衰方辛配甲也。

陽火龍丙向亥癸之旺而水出丁口。癸巨庫丙衰方癸配丙也。
陽金龍庚向寅乙之旺而水出辛口。乙巨庫庚衰方乙配庚也。
陽水龍壬向巳丁之旺而水出癸口。丁巨庫壬衰方丁配壬也。
陰金龍辛向甲陽木旺而水出丁口。甲巨庫辛之衰方甲配辛也。
陰水龍癸向丙陽火旺而水出辛口。丙巨庫癸衰方丙配癸也。
陰木龍乙向庚陽金旺而水出癸口。庚巨庫乙衰方庚配乙也。
陰火龍丁向壬陽水旺而水出乙口。壬巨庫丁衰方壬配丁也。

此八局之水口既合向首水神之巨庫。仍合入首龍神之借庫也。

陽木龍甲向酉丁生而水出坤口。甲之絕丁文庫丁配甲也。

陽火龍丙向子辛生而水出乾口。丙之絕辛文庫辛配丙也。

陽金龍庚向卯癸生而水出艮口。庚之絕癸文庫癸配庚也。

陽水龍壬向午乙生而水出巽口。壬之絕乙文庫乙配壬也。

陰火龍丁向乾甲生而水出癸口。丁正庫甲文庫甲配丁也。

陰金龍辛向艮丙生而水出乙口。辛正庫丙文庫丙配辛也。

陰水龍癸向巽庚生而水出丁口。癸正庫庚文庫庚配癸也。

陰木龍乙向坤壬生而水出辛口。乙正庫壬文庫壬配乙也。

大此八局之水口。既合向首水神之文庫仍合入首龍神之

墓絕也。

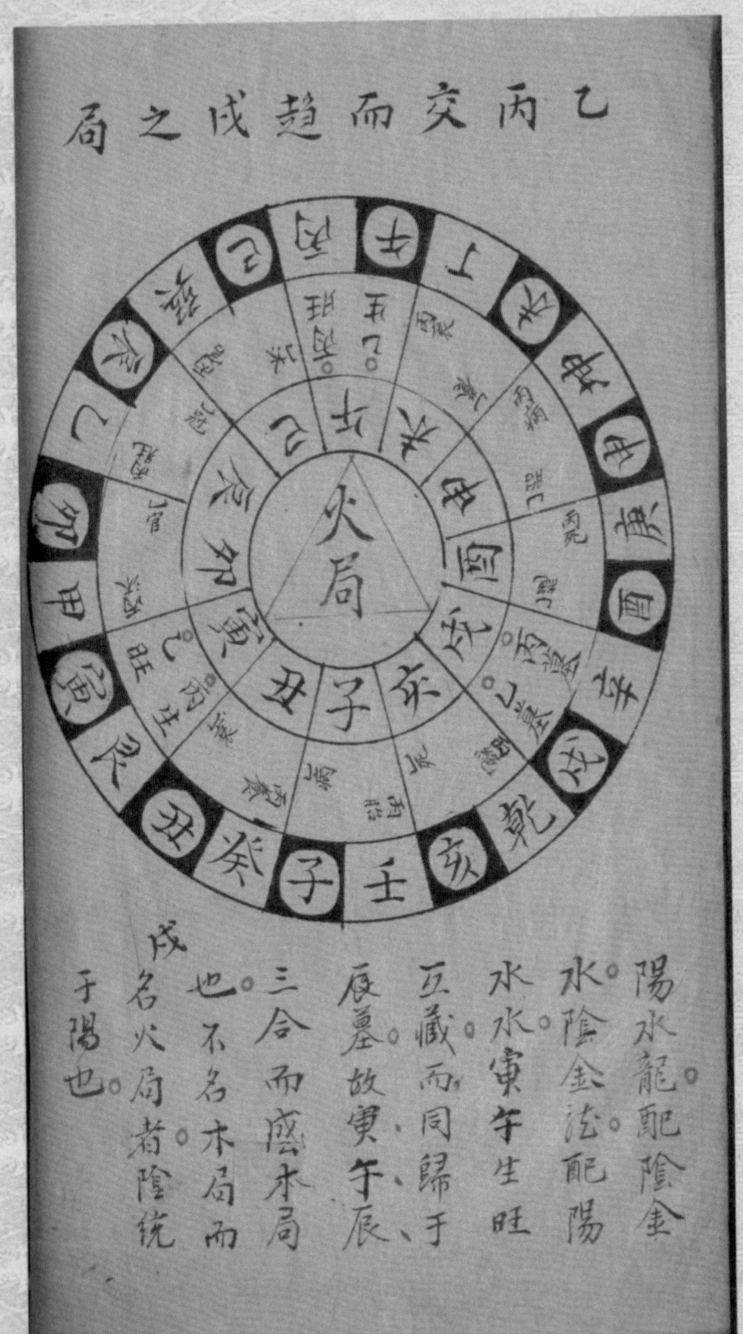

乙丙交而趨戌之局

陽水龍。配陰金水。陰金法。配陽水。水寅午生旺。互藏而同歸于辰墓。故寅、午、辰、三合而成木局也。不名木局而名火局者。陰統于陽也。

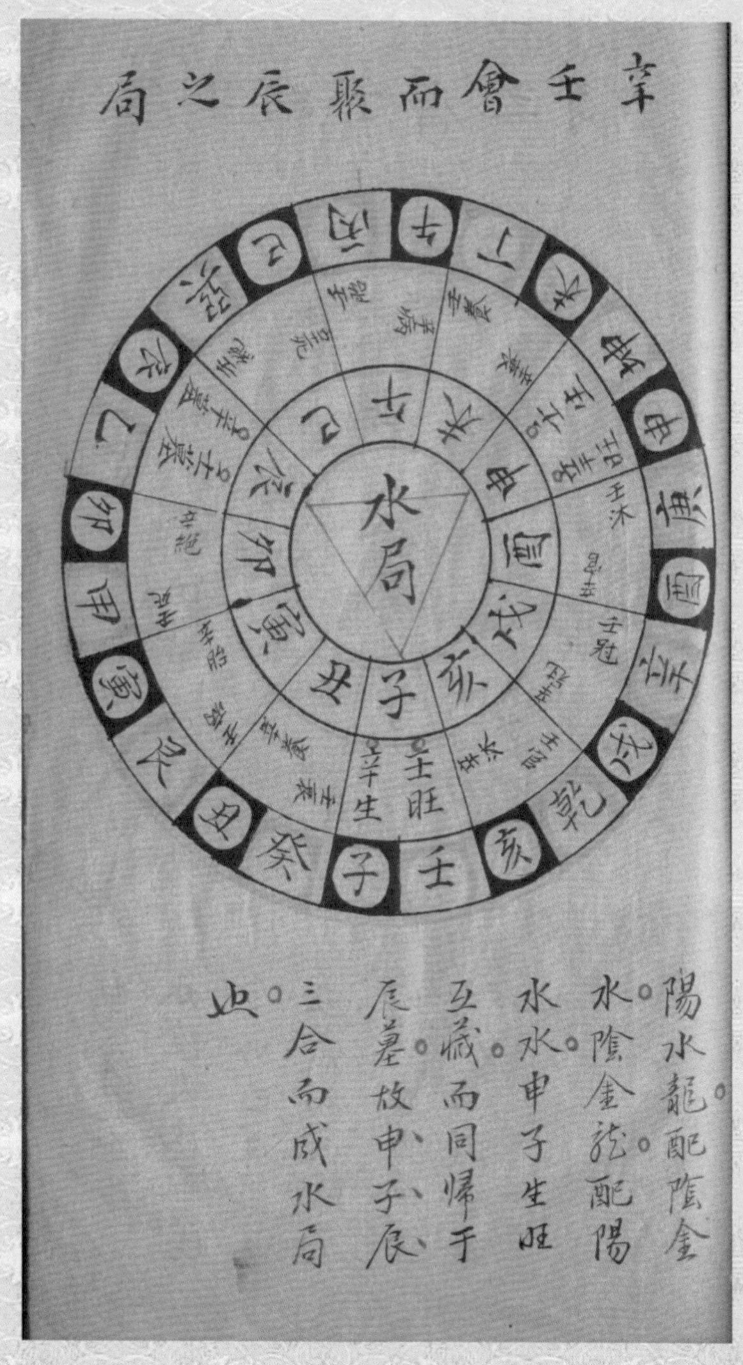
辛壬會而聚辰之局
水局
子 壬 亥 乾 戌 辛 酉 庚 申 坤 未 丁 午 丙 巳 巽 辰 乙 卯 甲 寅 艮 丑 癸
子 亥 戌 酉 申 未 午 巳 辰 卯 寅 丑
壬旺
辛生
陽水龍。配陰金水。陰金龍。配陽水水。申子生旺丑藏。而同帰于辰墓。故申、子、辰、三合而成水局也。

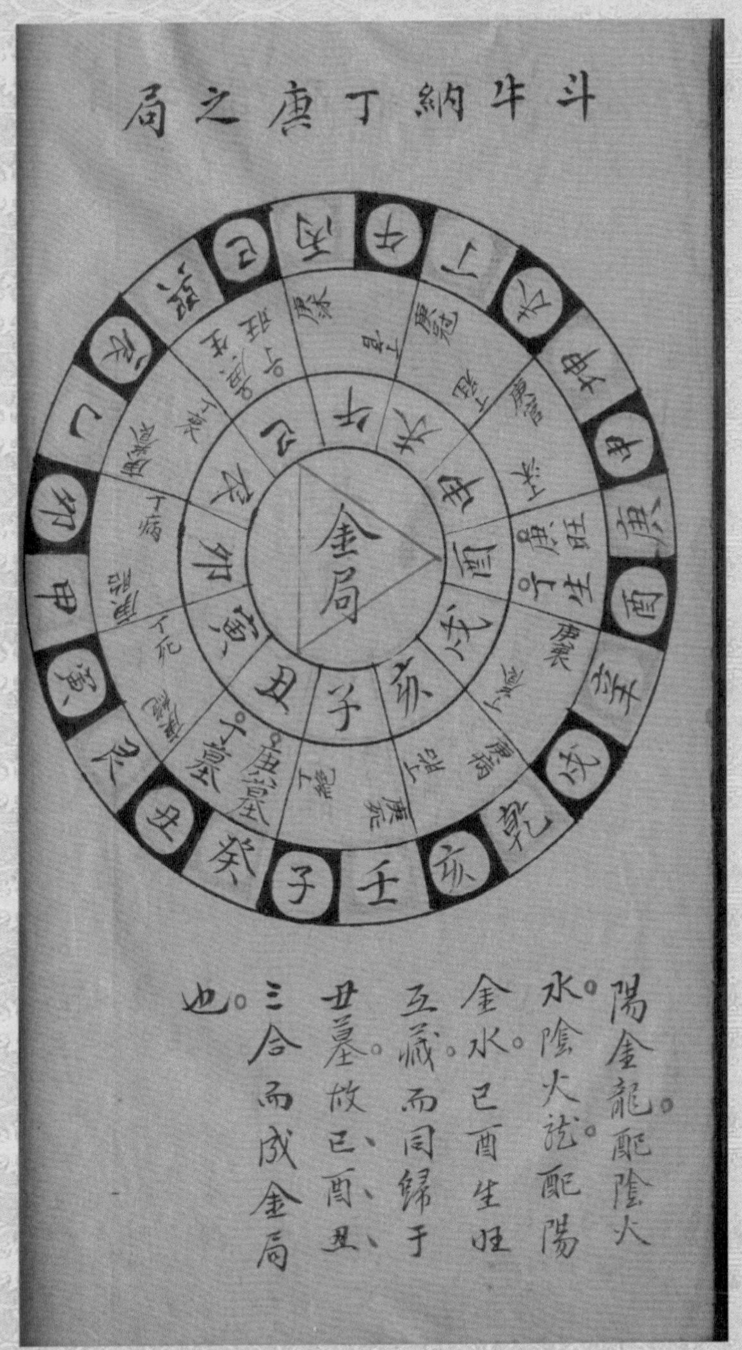

斗牛納丁庚之局

陽金龍。配陰火水。陰火龍。配陽金水。巳酉生旺互藏。而同歸于丑墓。故巳、酉、丑三合而成金局也。

金羊收癸甲之局

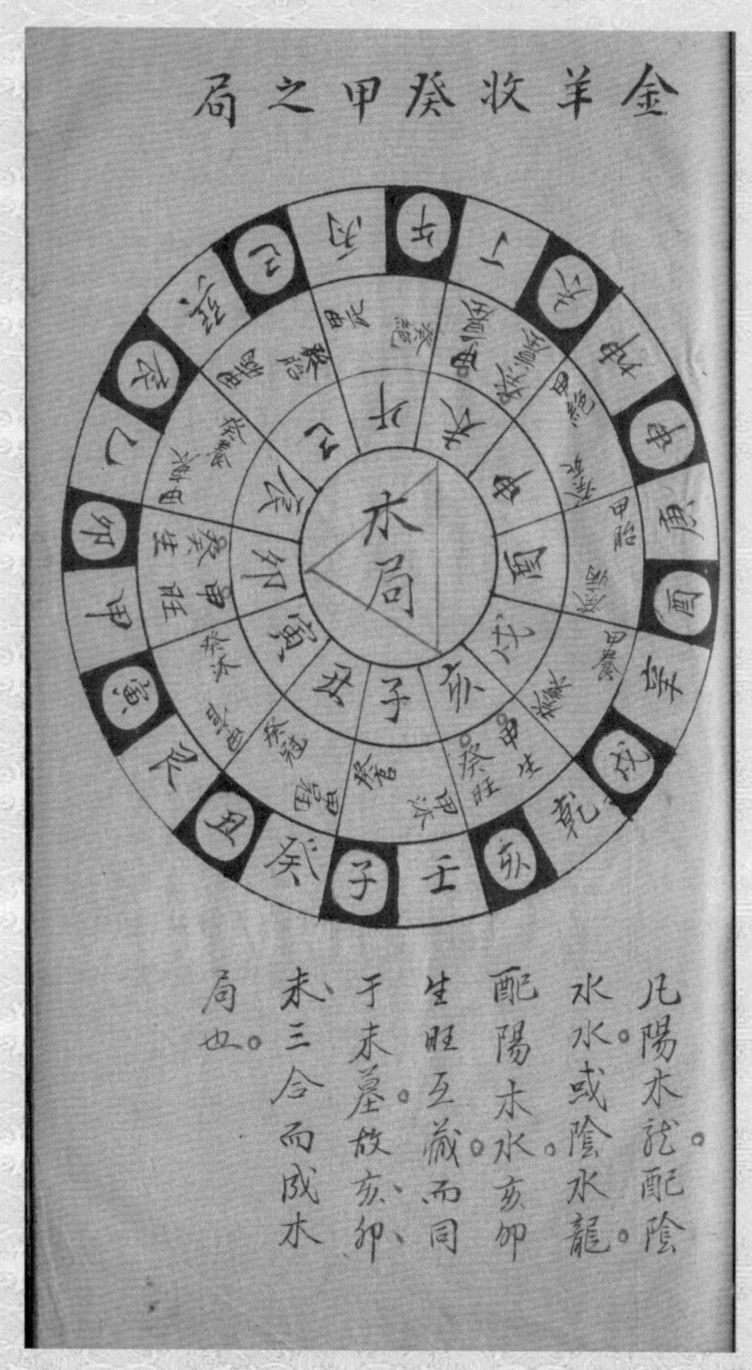

凡陽木龍。配陰水水或陰水龍。配陽木水。亥卯生旺互藏。而同于未墓。故亥、卯、未三合而成木局也。

雙山五行

青囊叙云二十四山雙雙起少有時師知此義五行分布二十四

时師此義何曾記吉按秉氣立穴認水立向秉氣用中針立向用

縫針而縫針之作用有壬子双山以起地卦又有子癸双山以起

天卦此二十四山之双双起其義至精必先辨定玄空五行分布

於二十四向之起例而後双山之精義乃能洞曉也按天玉內傳

云干維乾坤艮巽壬陽順星神輪支神坎離震兌癸陰卦逆行取

分定陰陽歸兩路順逆推排去又云甲丙庚壬俱屬陽順推五行

詳乙丁辛癸俱屬陰逆推論五行已上十句言凡立縫針干維十

⊕二陽向者必用甲丙庚壬四陽神從縫針乾坤艮巽四維位上

起長生而順行。凡立縫針地支十二陰向者，必用乙辛丁癸四陰神，撥縫針子午卯酉四正位上起長生而逆行。其分干維十二向為陽，分地支十二向為陰，不用正針而用縫針者，正所以善用正針也。蓋五行生死循環之星神，原止十二位，正針于十二位之界縫又添設十二干維，若不設縫針之壬子双山，則先天五經盤之十二限不清；若不設縫針之子癸双山，則後天干維之騎跨兩宮不顯。夫縫針之子，當正針之子癸縫中，是上應隨天斗柄左移之度也。至于向首小神，先天五行生死之宮界，必仍用地盤先天之十二限以推排，此所謂先天而天不違也。但月節有初中二氣，月輪有晨昏兩限，時刻有子初子正，是又後天而奉天時也。若每宮不平分前後辨定干支其何以判陰陽而明順逆作玄空卦者乃聯合縫針之壬子為地卦之双山又聯合縫針之子癸為天卦之双山即以双山之陰陽四生之順逆五行之生旺墓弔合于三方乃成三合連珠之局凡向首遇縫針干維則以坤壬乙為陽水從坤位起長生艮丙辛為陽火從艮位起長生乾甲丁為陽木從乾位起長生巽庚癸為陽金從巽位起長生皆順推十二神凡向首遇縫針之支神則以子申辰為陰金從子位起長生午寅戌為陰木從午位起長生卯亥未為陰水從卯位起長生酉巳丑為陰火從酉位起長生皆逆挨十二神十二神者生沐冠官旺衰病死墓絶胎養是也以陽水局言之坤為陽水之生向壬為陽水之旺向

乙為陽水之墓向此三向皆用壬水于縫針干維十二位上以順輪生于坤沐于庚冠于辛官于乾旺于壬衰于(癸)病于艮死于甲墓于乙絕于巽胎于丙養于丁其水口之正庫在乙巽借庫在癸文庫在庚辛也以陰水局言之卯為陰水之生向亥為陰水之旺向未為陰水之墓向此三向皆用癸水于縫針地支十二位上以逆輪生于卯沐于寅冠于丑官于子旺于亥衰于戌病于酉死于申墓于未絕于午胎于巳養于辰其水口之正庫借庫文庫雖在未戌寅仍宜從天干之丁辛艮而流去也其木火金陰陽順逆之名局皆倣此推之此玉尺四生三合分順推逆推之秘訣即青囊所云五行分布二十四之起例也又按經文干維(向)第七字曰壬去

指陽小神言其支神句第七字曰癸丑指陰小神言也然則縫針之壬子子癸兩個双山非但用以清小神五行生死之先天十二限併于十二限中又分出前半宮為陽後半宮為陰而布成二十四位之五行假如先天寅午戌每宮各三十度在後天之双山則分後十五度為陰木局逆數之曰午寅戌分前十五度為陽火局順數之四艮丙辛時師但指四午為火之旺而不知分出十五度為乙之生又混指寅為火之生戌為火之庫而不知分出十五度之艮與辛乃為火之生與墓蓋其數止知五行生死有十二限而不知每限又分有半陰半陽半逆半順之秘訣並不知の生十二神止各取生旺墓之三合為天機無怪乎楊公深慨時師之不知也誠

繪圖布局以明之

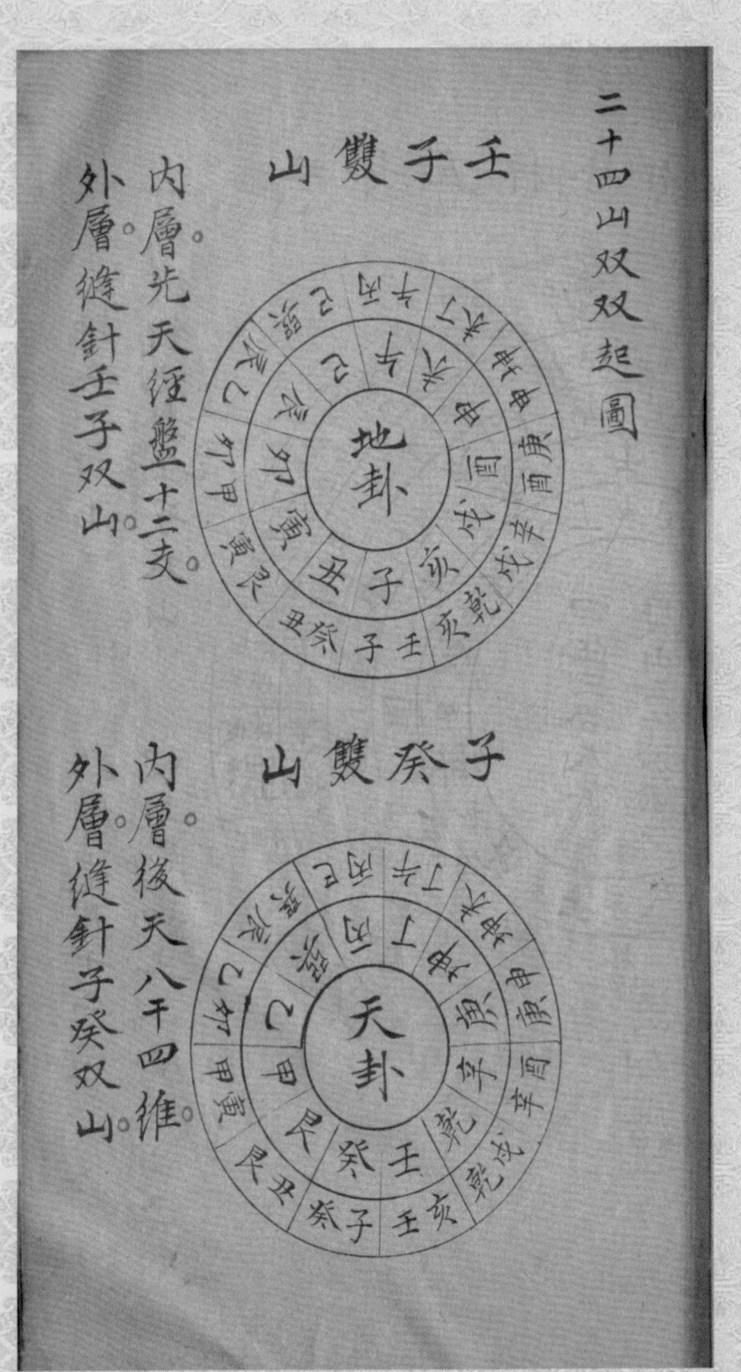
二十四山双双起圖
壬子雙山
內層。先天經盤十二支。
外層。縫針壬子双山。
地卦
子癸雙山
內層。後天八干四維。
外層。縫針子癸双山。
天卦

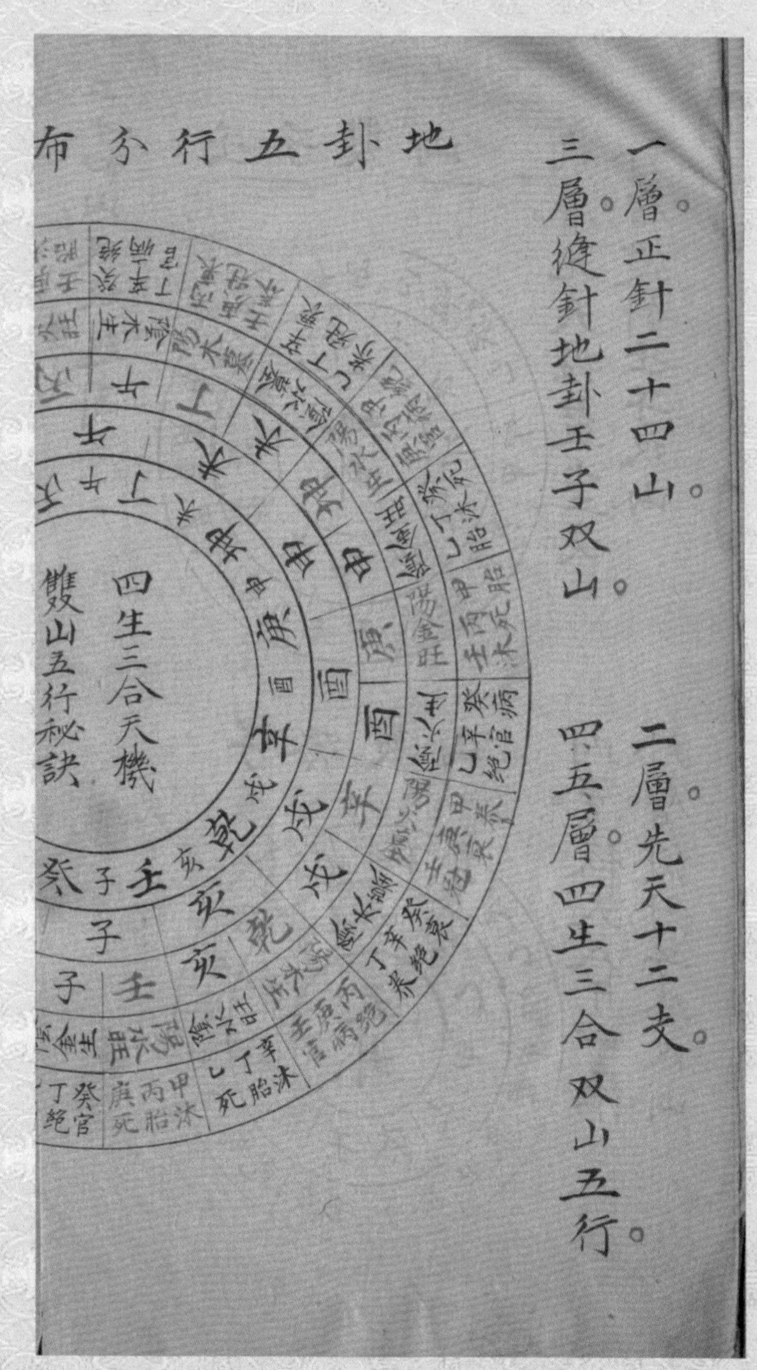
地卦五行分布
一層正針二十四山。
二層先天十二支。
三層縫針地卦壬子双山。
四五層四生三合双山五行。
四生三合天機
雙山五行秘訣

二十四圖

青囊序云八干四維輔支位子母公孫同一類

艮寅丙午辛戌六向乃乙丙子母為双山也坤申壬子乙辰六向乃辛壬子母為双山也乾亥甲卯丁未六向乃癸甲子母為双山也巽巳庚酉癸丑六向乃丁庚公孫為双山也

縫針庚甲壬丙為陽局之四旺向如丙火生于艮旺于丙墓于辛水宜自左癸養艮生巽官丙旺朝堂御右而出正庫于辛戌

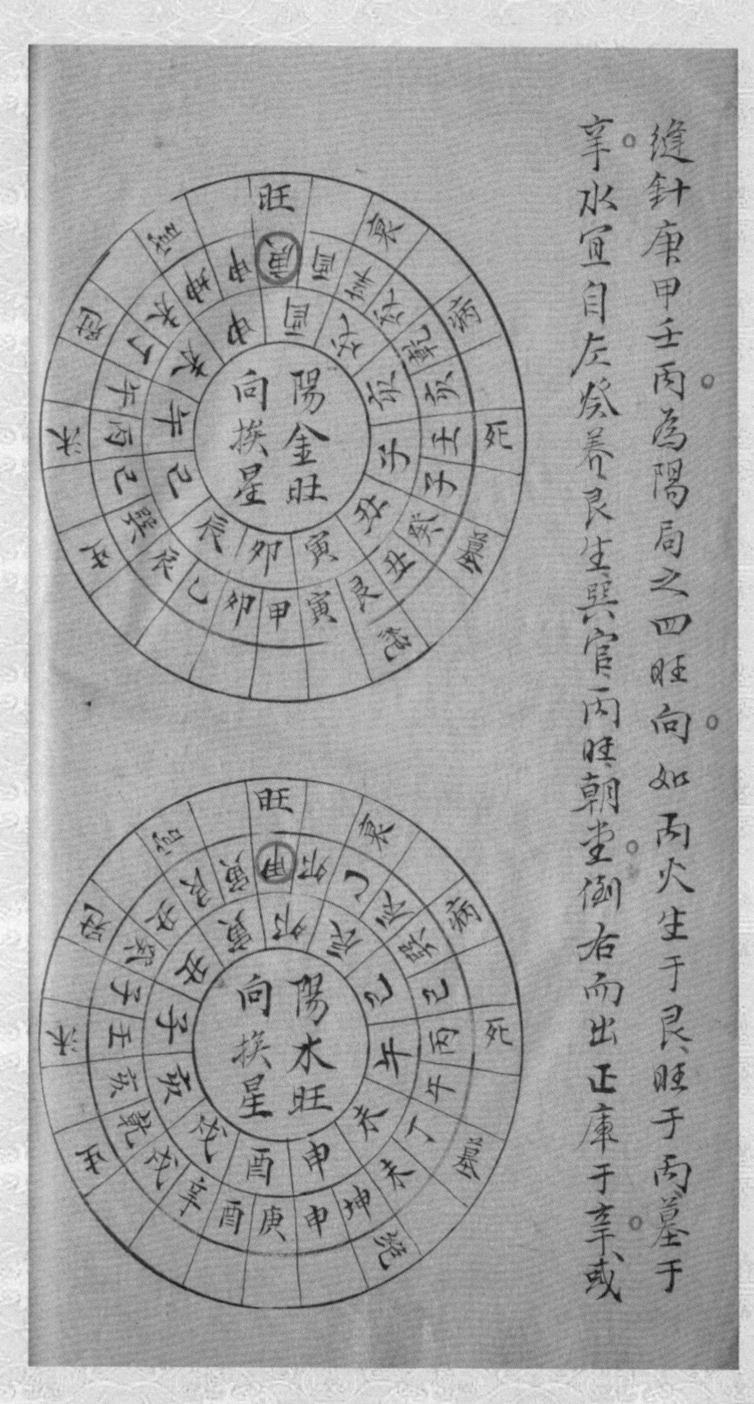

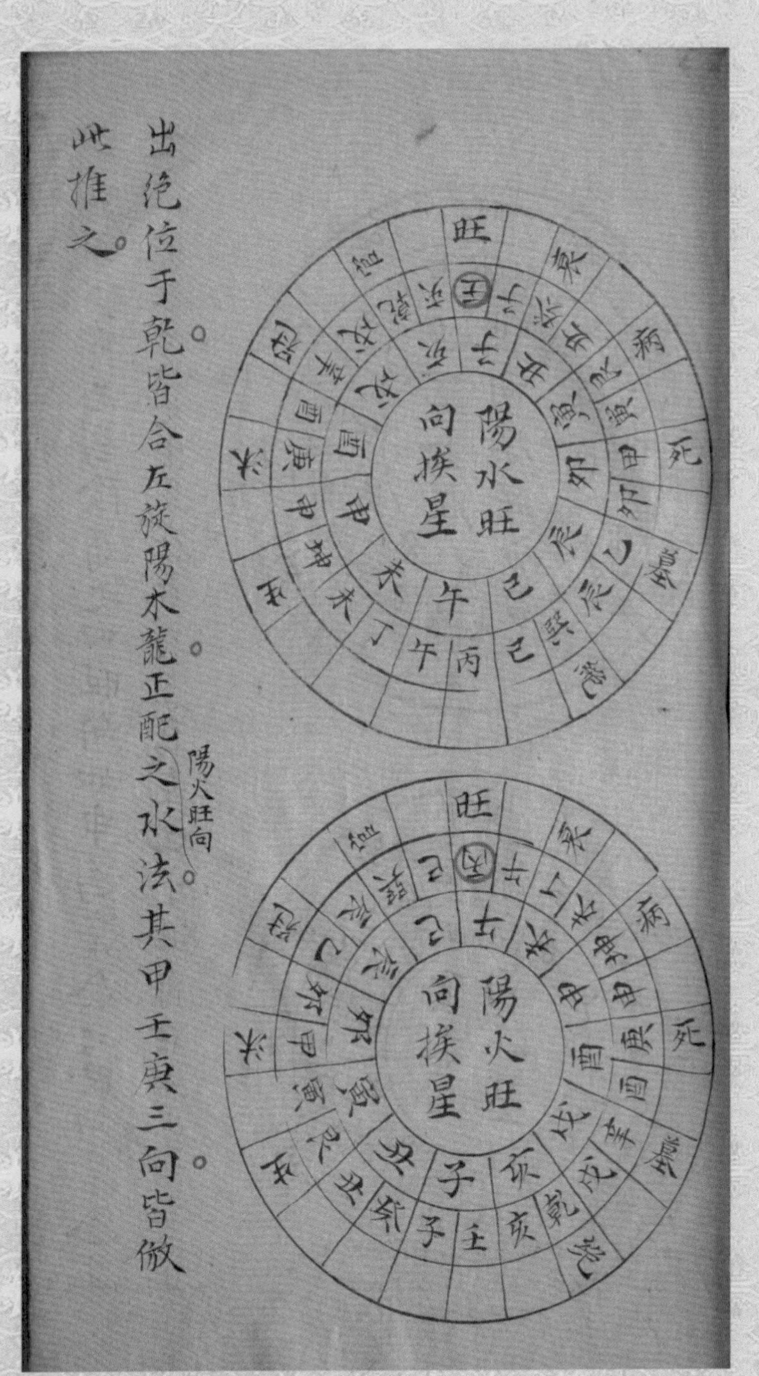

出绝位于乾。皆合左旋陽木龍正配之水法。其甲壬庚三向皆倣此推之。

陽火旺向

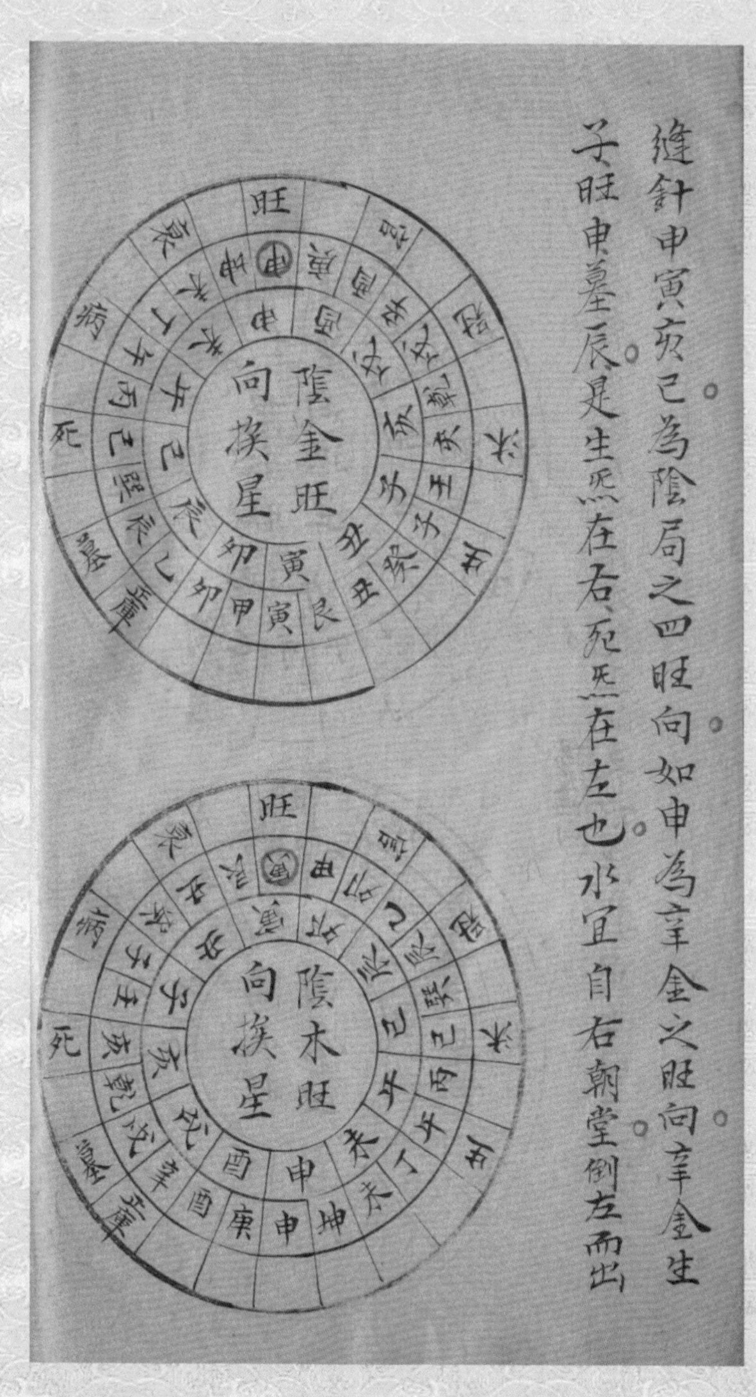

縫針申寅亥巳為陰局之四旺向如申為辛金之旺向辛金生子旺申墓辰是生炁在右死炁在左也水宜自右朝堂倒左而出

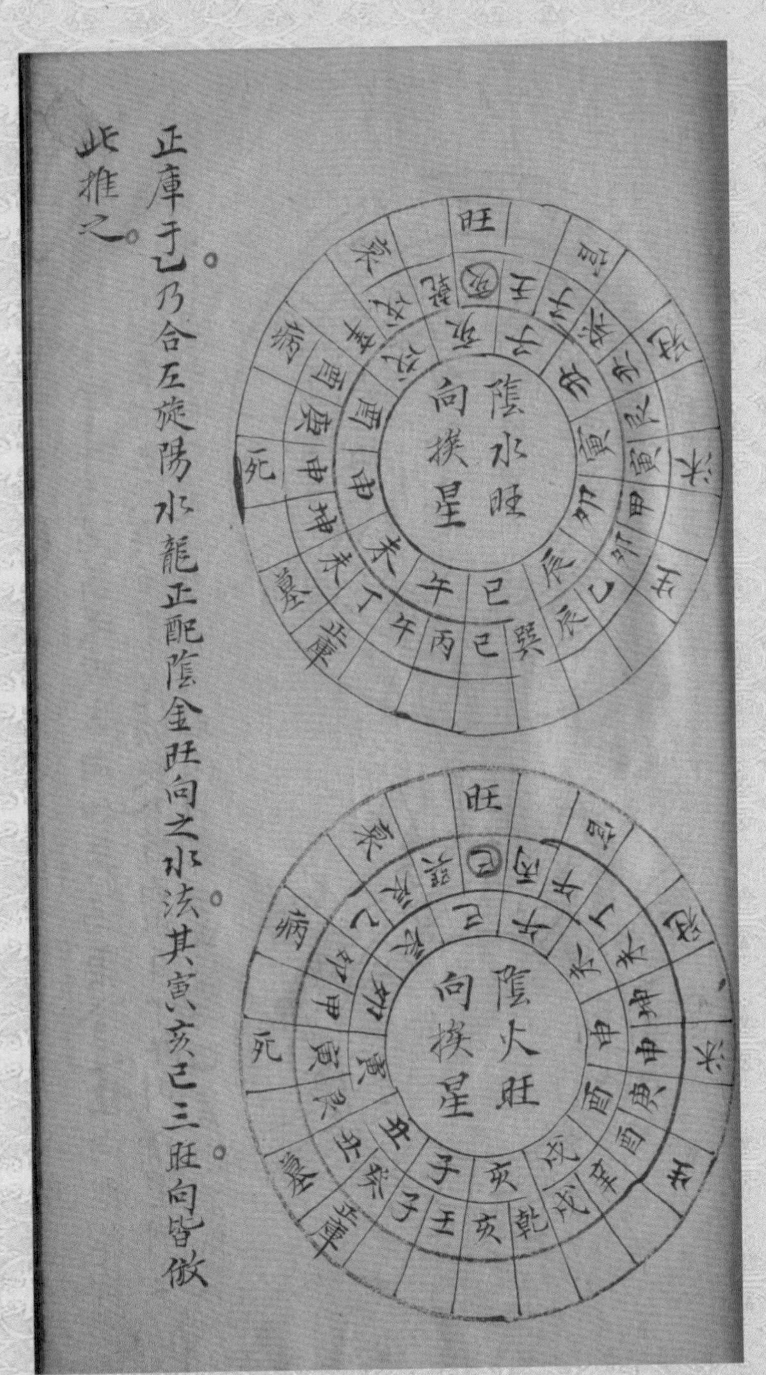

正庫于乙。乃合左旋陽水龍正配陰金旺向之水法。其寅亥巳三旺向皆倣此推之。

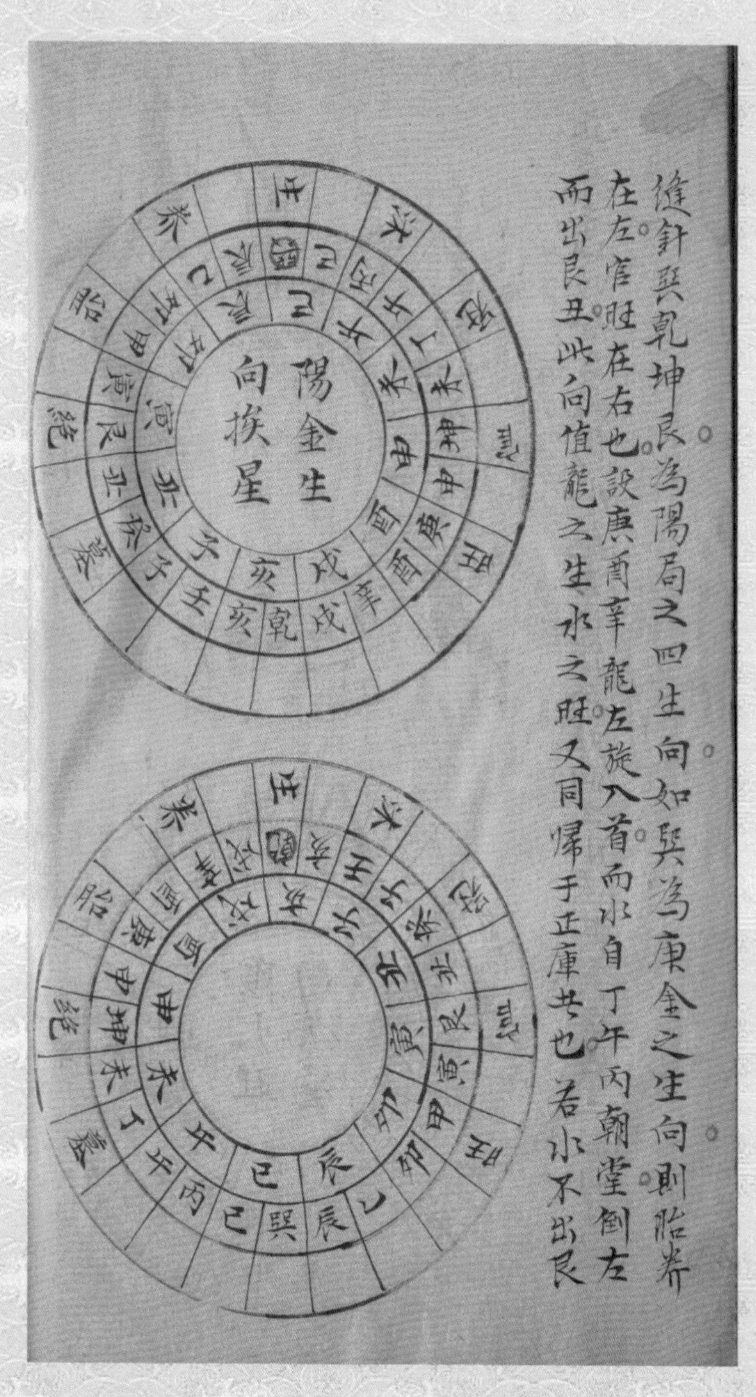

縫針巽乾坤艮為陽局之四生向如巽為庚金之生向則胎养在左官旺在右也設庚酉辛龍左旋入首而水自丁午丙朝堂倒左而出艮丑此向値龍之生水之旺又同帰于正庫去也若水不出艮

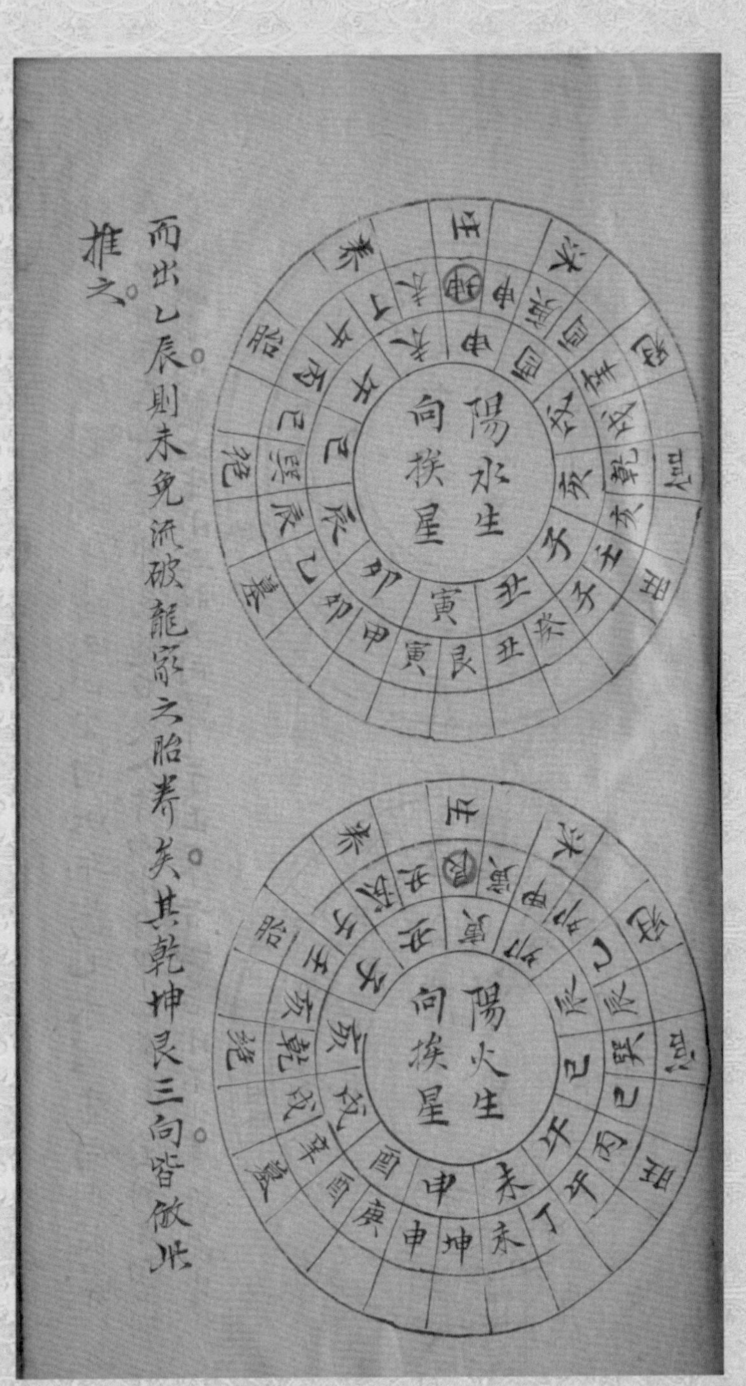

而出乙辰則未免流破龍穴之胎養矣。其乾坤艮三向皆倣此推之。

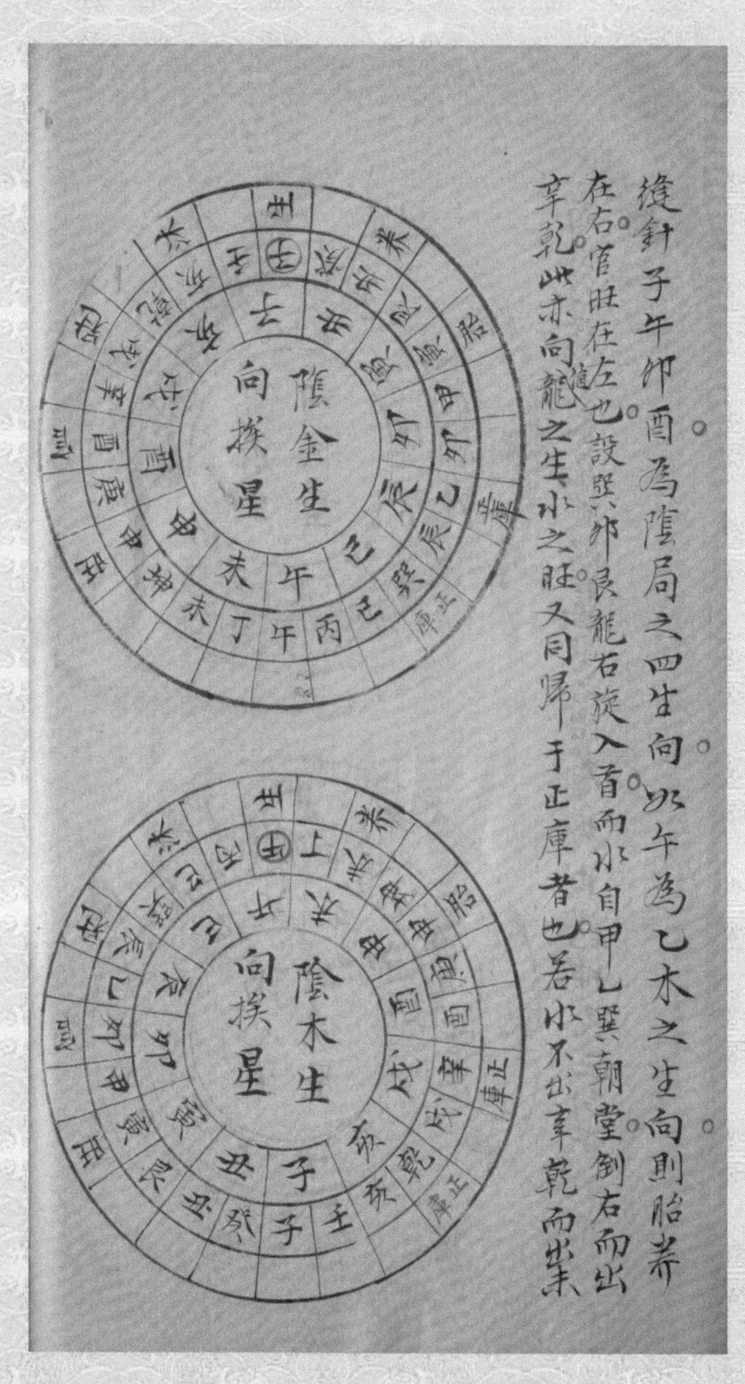

縫針子午卯酉爲陰局之四生向。以午爲乙木之生向。則胎養在右。官旺在左也。設巽卯艮龍右旋入首。而水自甲乙巽朝堂。倒右而出辛乾。此亦向龍之生水之旺。又同歸于正庫者也。若水不出辛乾而出業

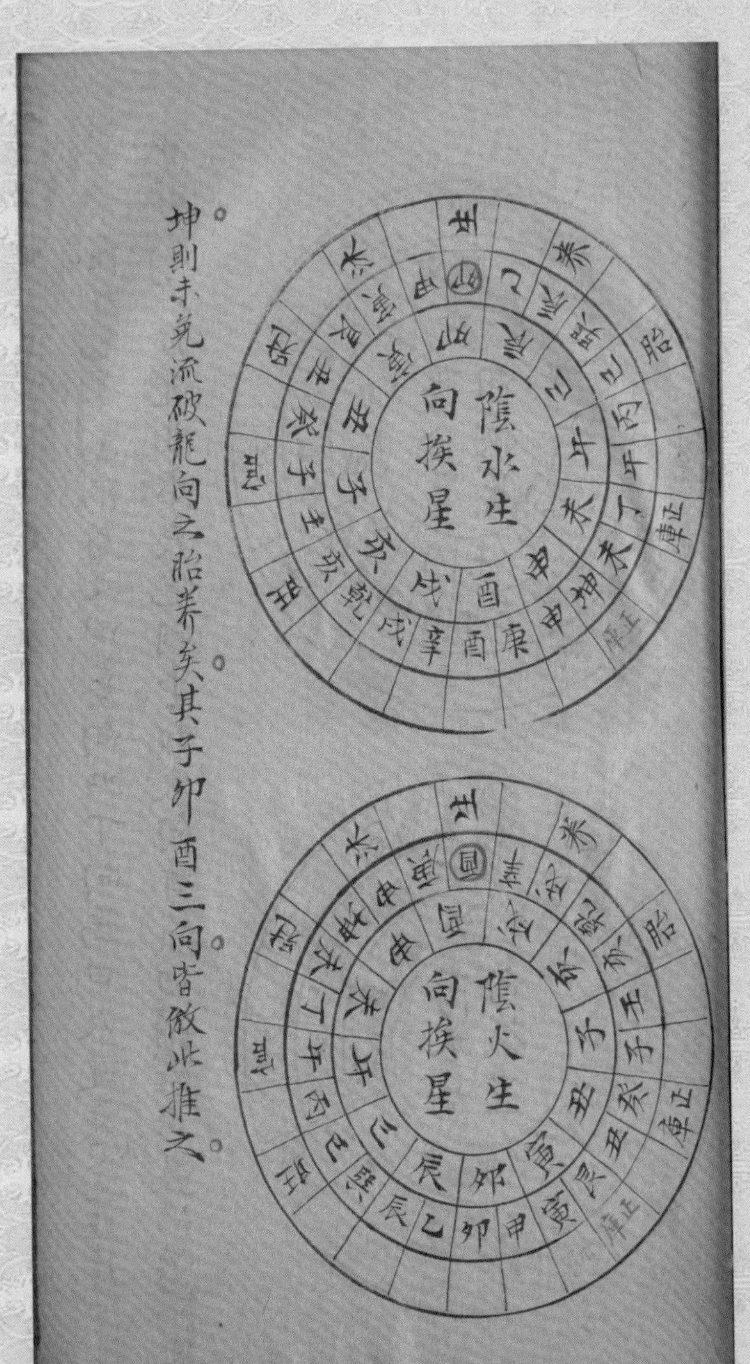

坤則未兑流破龍向之胎養矣其子卯酉三向皆倣此推之

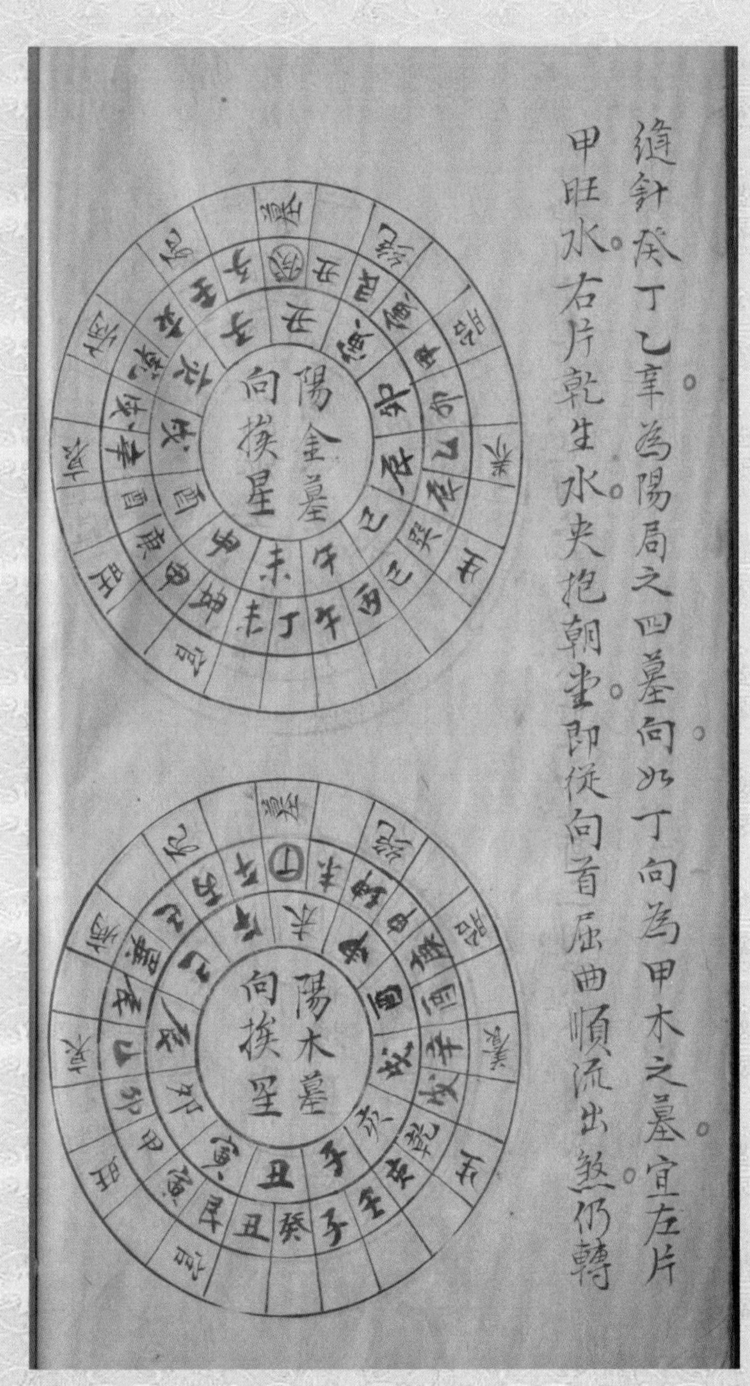

縫針癸丁乙辛為陽局之四墓向如丁向為甲木之墓宜左片甲旺水右片乾生水夾抱朝堂即從向首屈曲順流出煞仍轉

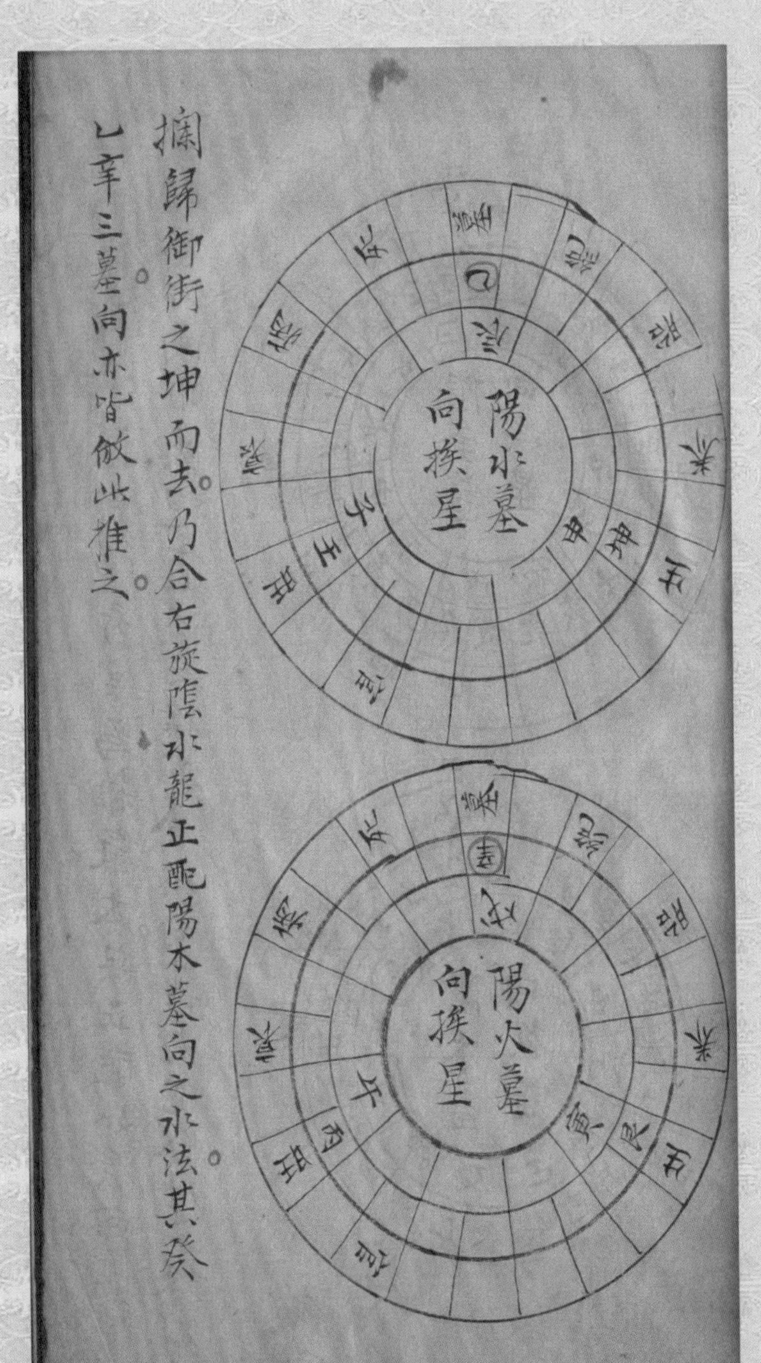

攔歸御街之坤而去。乃合右旋陰水龍正配陽木墓向之水法其癸乙辛三墓向亦皆倣此推之

縫針辰戌丑未四向為寄宮為雜氣本無正配如辰向惟正乾入首兩水夾抱直流之格方合辰向其夾抱合襟之処

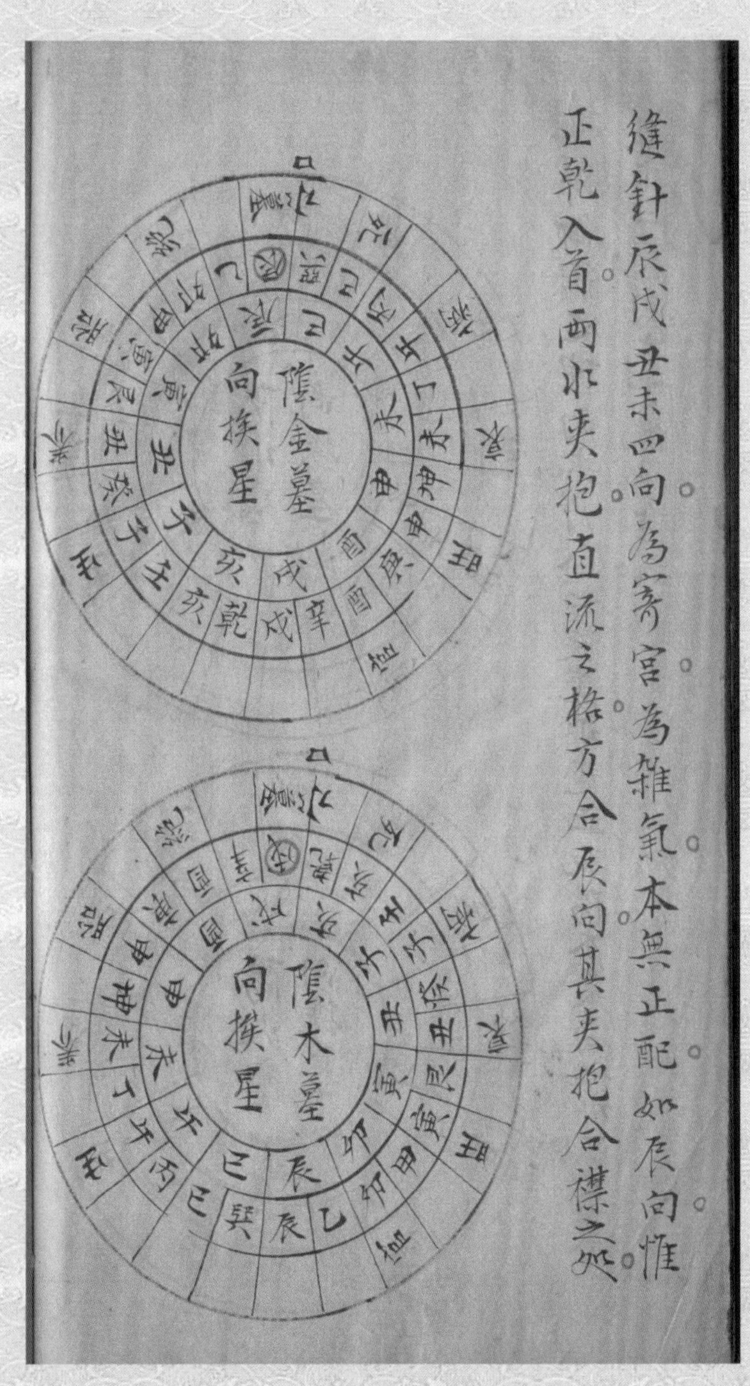

陰水墓向換星

陰火墓向換星

又必屈曲或偏右串正針之巽位流出或偏左串正針之乙位流出不犯正針之辰位始為合格戌未丑三向倣此推之

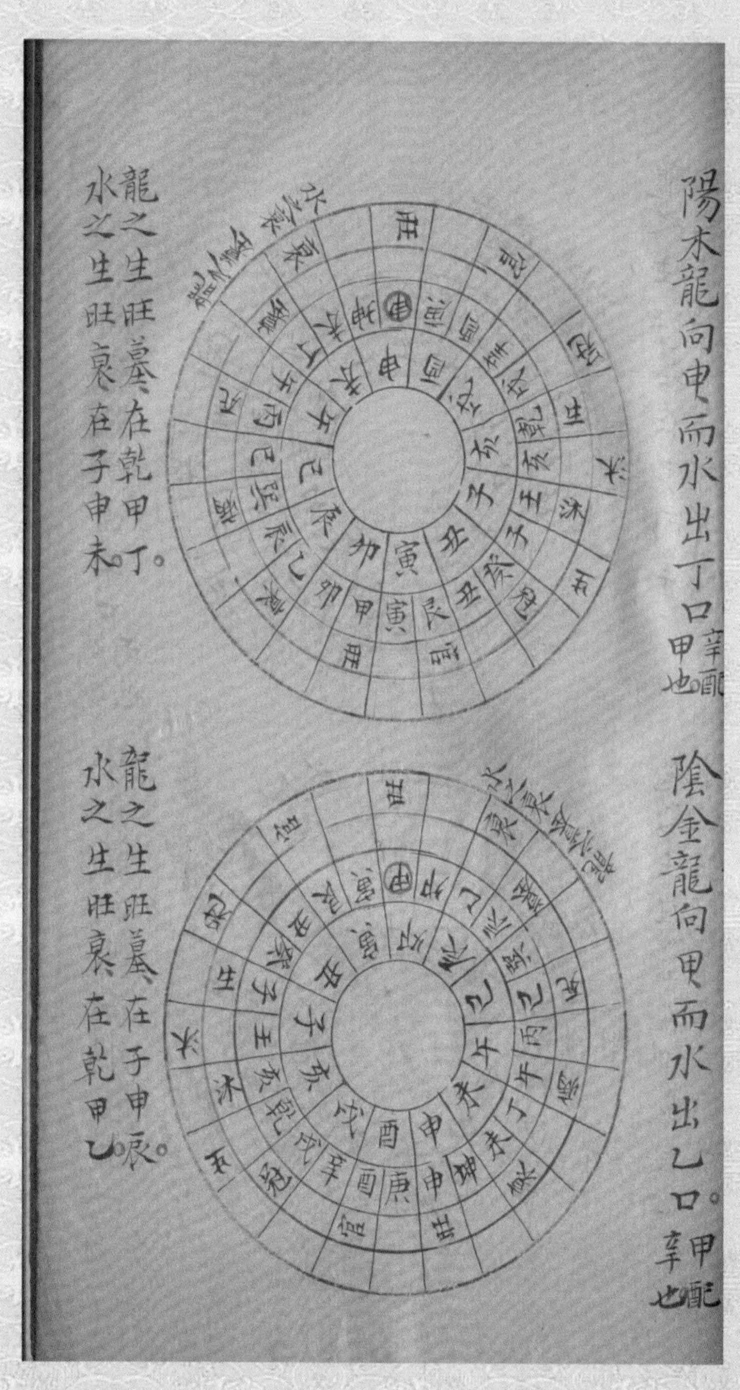

陽木龍向申而水出丁口。辛配甲也

龍之生旺墓在乾甲丁。水之生旺衰在子申未。

陰金龍向甲而水出乙口。甲配辛也

龍之生旺墓在子申辰。水之生旺衰在乾甲乙。

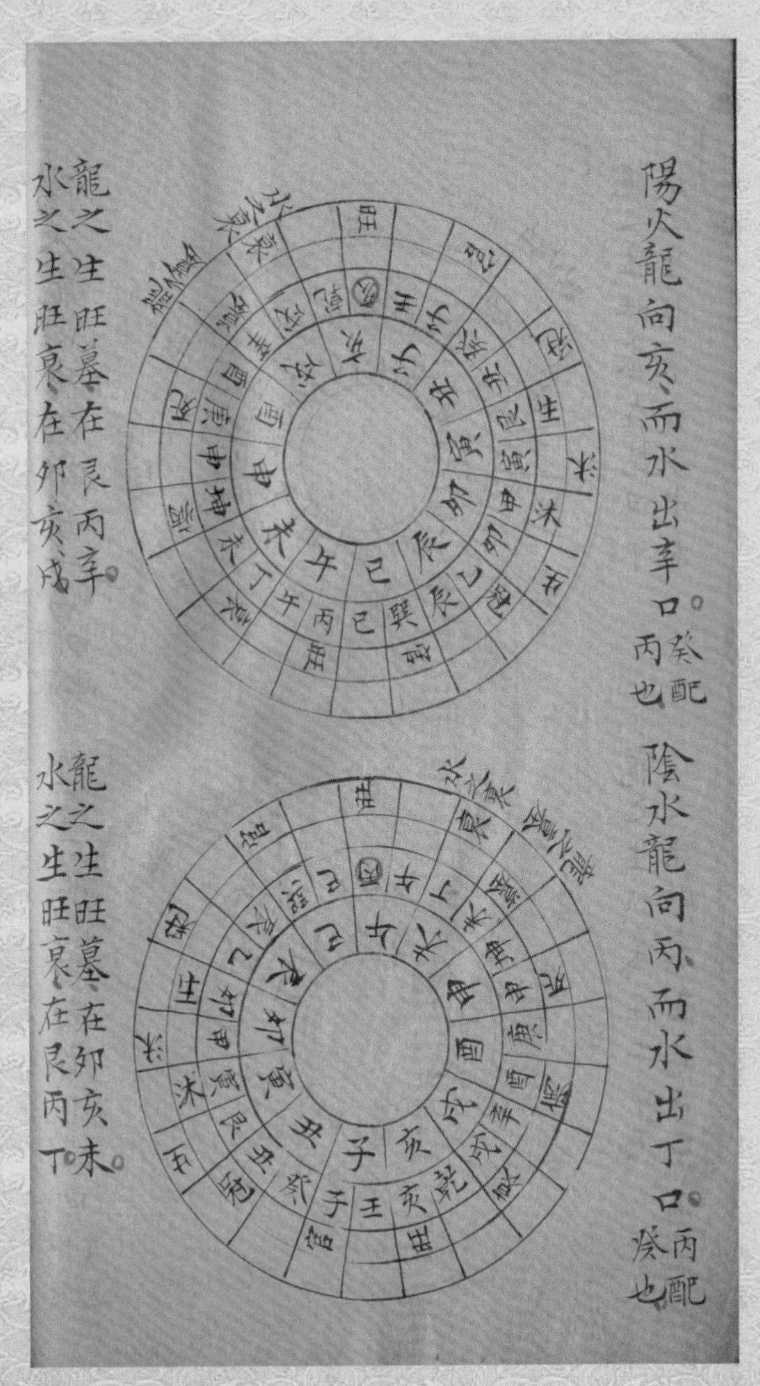
陽火龍向亥而水出辛口丙癸配也
龍之生旺墓在艮丙辛
水之生旺衰在卯亥戌
陰水龍向丙而水出丁口丙癸配也
龍之生旺墓在卯亥未
水之生旺衰在艮丙丁

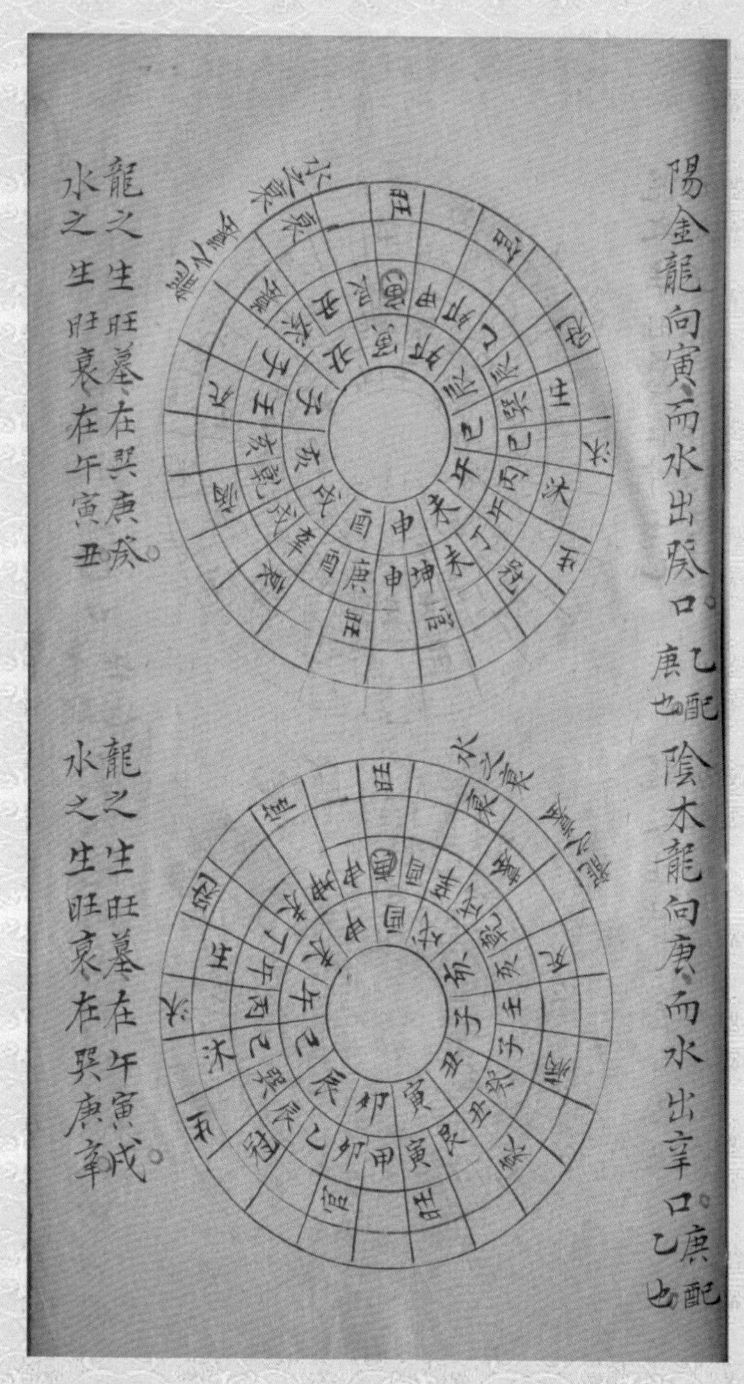

陽金龍向寅而水出癸口。乙配庚也

陰木龍向庚而水出辛口。庚配乙也

龍之生旺墓在巽庚癸。
水之生旺衰在午寅丑

龍之生旺墓在午寅戌。
水之生旺衰在巽庚辛

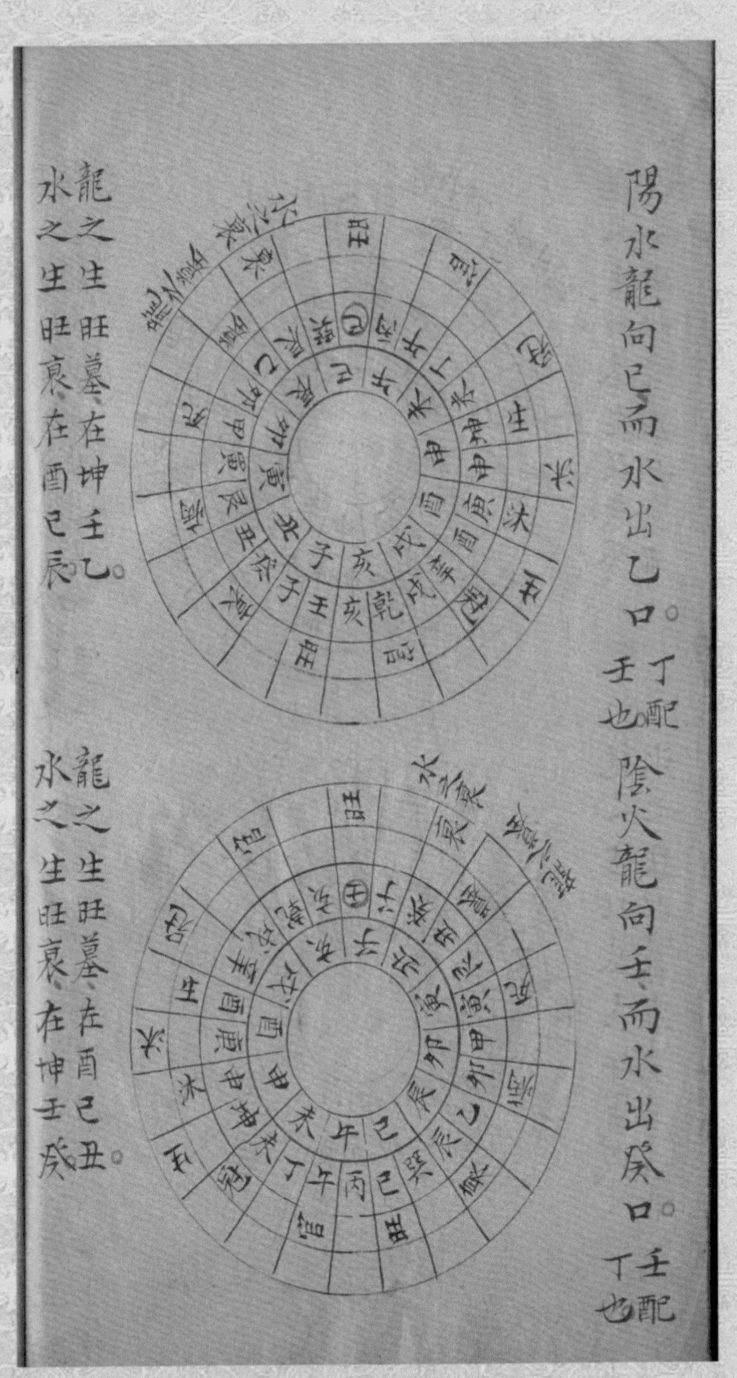

陽水龍向巳而水出乙口。丁配壬也

陰火龍向壬而水出癸口。壬配丁也

龍之生旺墓在坤壬乙。水之生旺衰在酉巳辰。

龍之生旺墓在酉巳丑。水之生旺衰在坤壬癸。

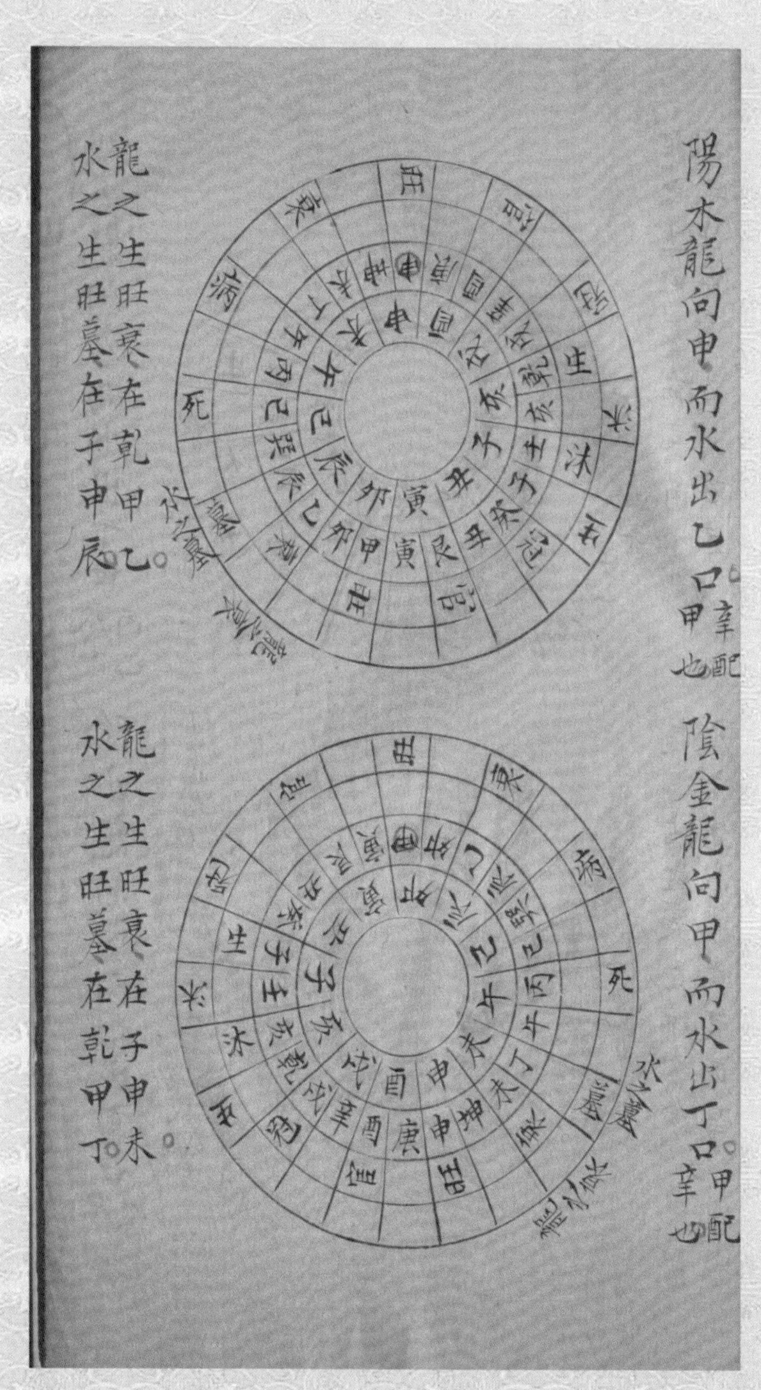
陽木龍向申而水出乙口
辛配甲也
龍之生旺衰在乾甲乙。
水之生旺墓在子申辰
陰金龍向甲而水出丁口
甲配辛也
龍之生旺衰在子申未。
水之生旺墓在乾甲丁

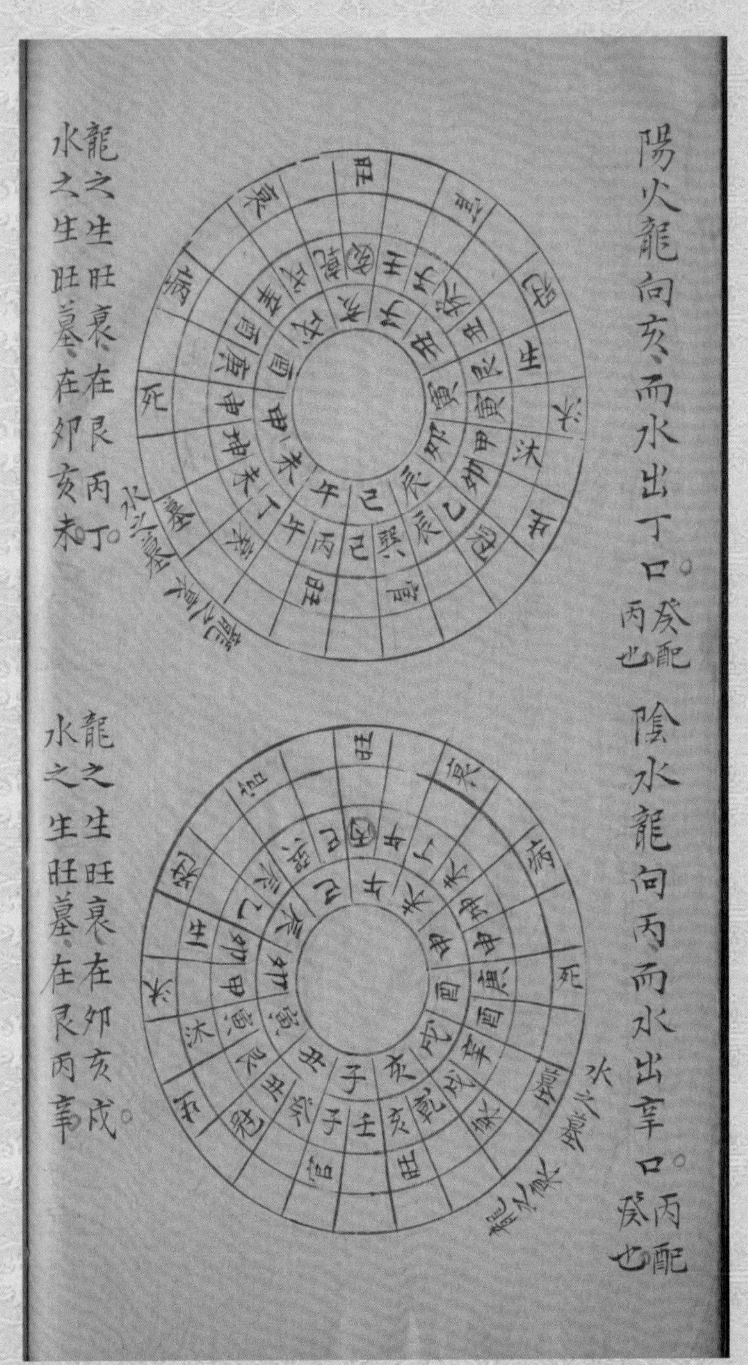

陽火龍向亥而水出丁口。癸配丙也

龍之生旺衰在艮丙丁。水之生旺墓在卯亥未

陰水龍向丙而水出辛口。丙配癸也

龍之生旺衰在卯亥戌。水之生旺墓在艮丙辛

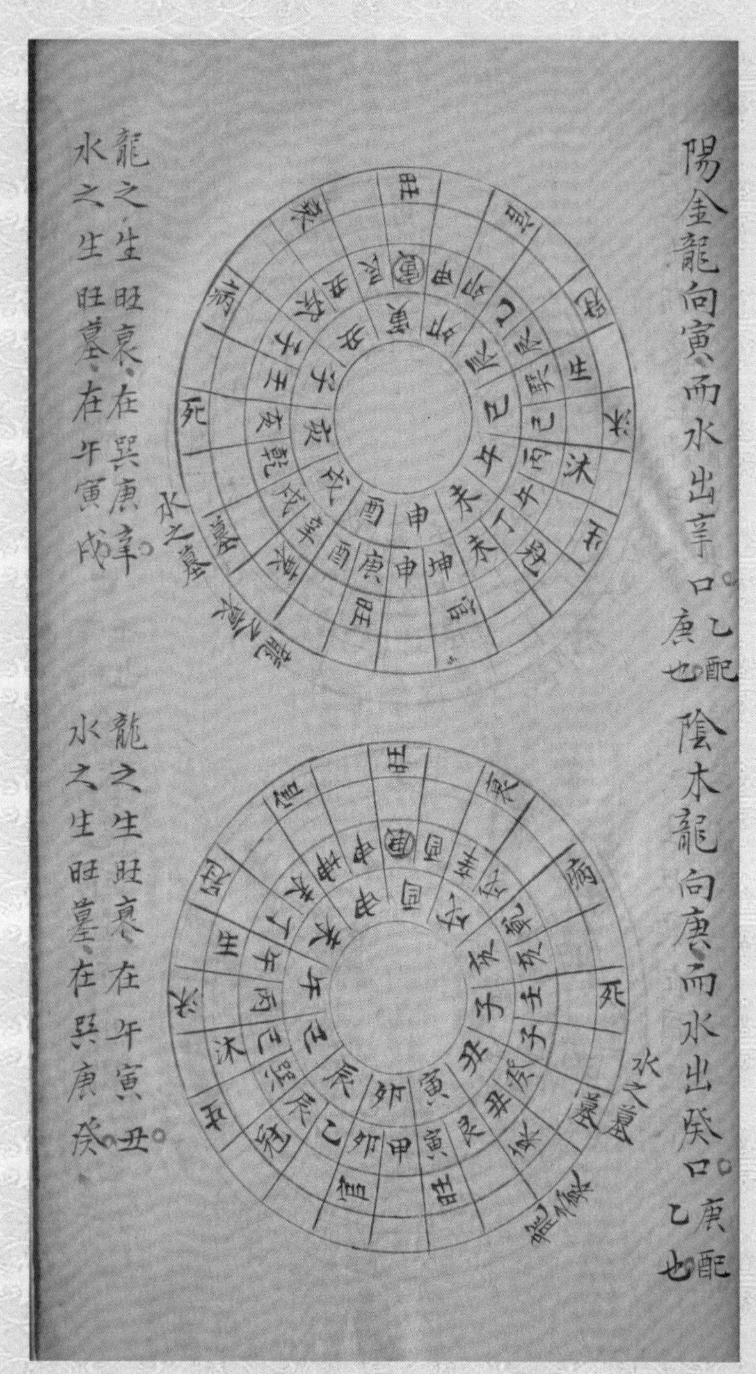
陽金龍向寅而水出辛口
乙配庚也
水之墓
龍之衰
龍之生旺衰在巽庚辛
水之生旺墓在午寅戌
陰木龍向庚而水出癸口
庚配乙也
水之墓
龍之衰
龍之生旺衰在午寅丑
水之生旺墓在巽庚癸

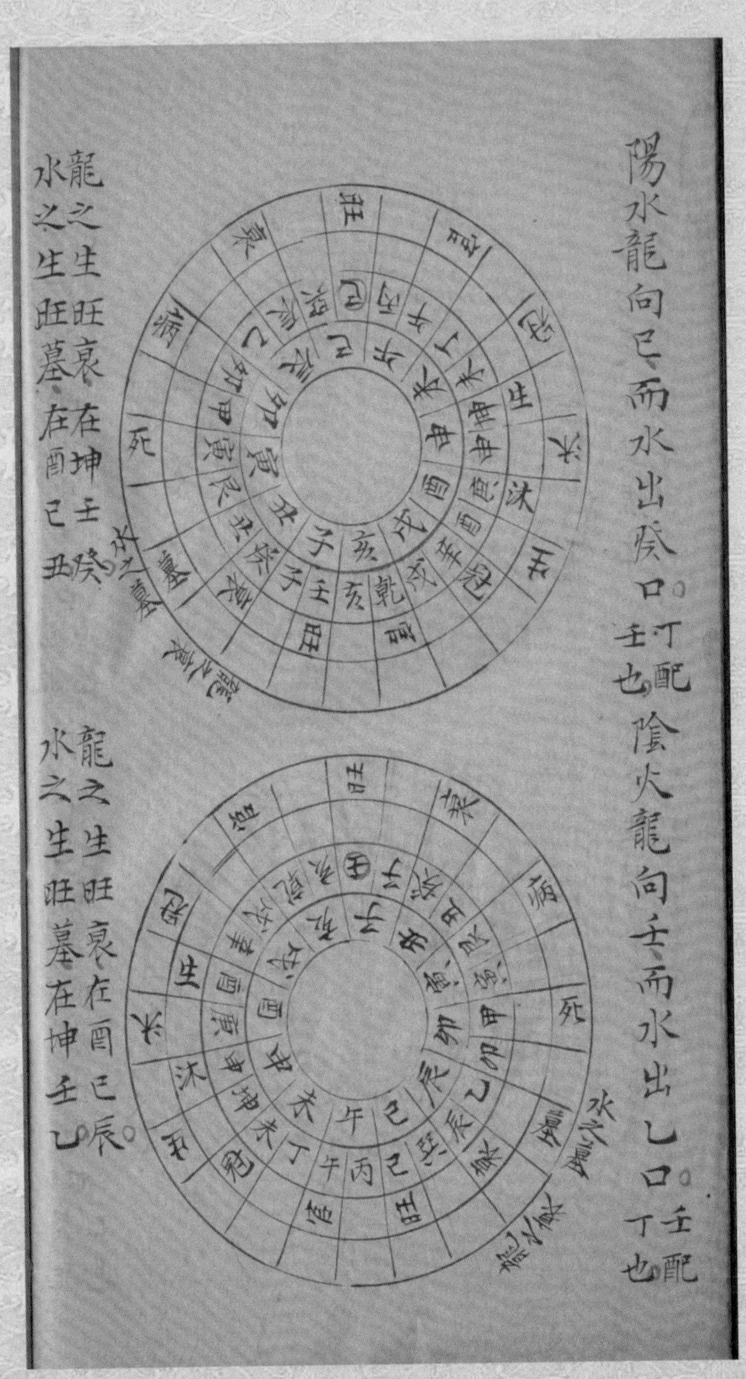

陽水龍向巳而水出癸口。丁配壬也。陰火龍向壬而水出乙口。壬配丁也

龍之生旺衰在坤壬癸

水之生旺墓在酉巳丑

龍之生旺衰在酉巳辰。

水之生旺墓在坤壬乙

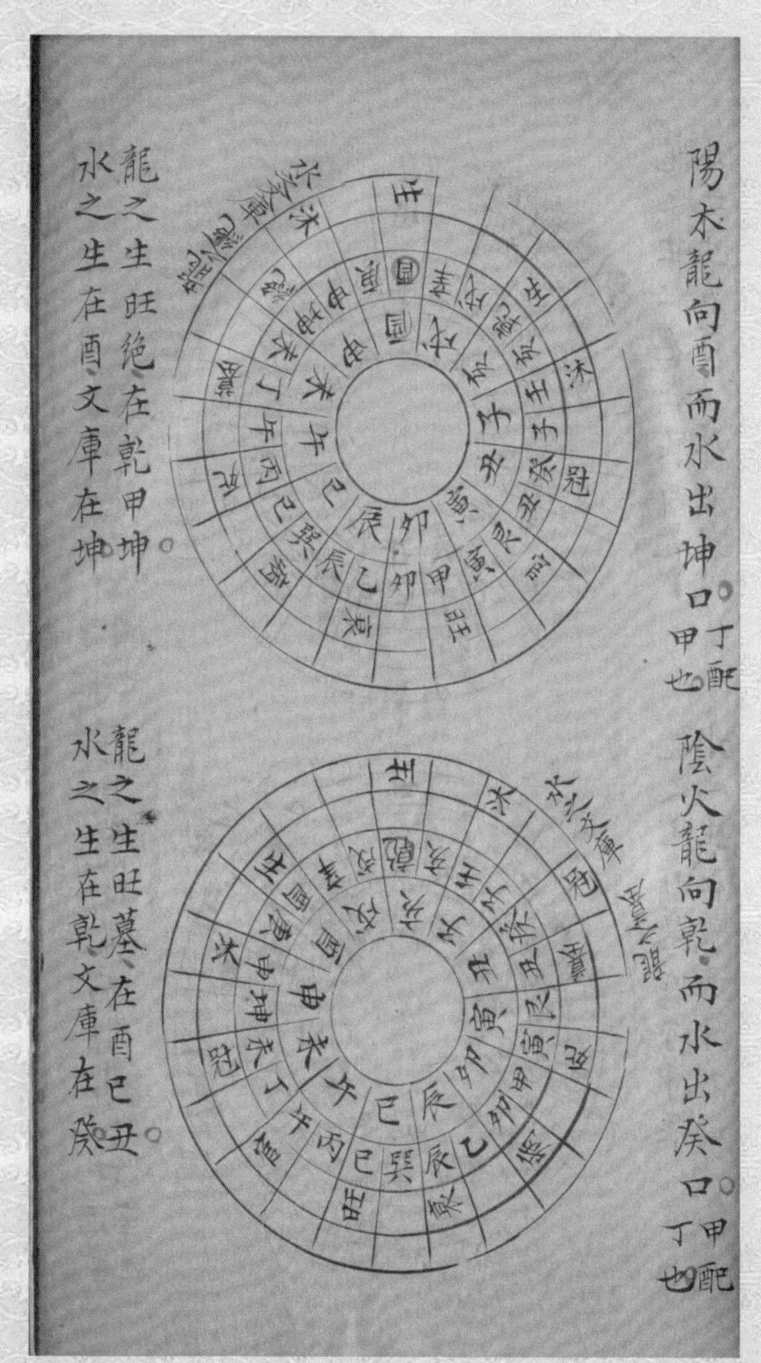
陽木龍向酉而水出坤口。丁配甲也
龍之生旺絶在乾甲坤。水之生在酉。文庫在坤
陰火龍向乾。而水出癸口。甲配丁也
龍之生旺墓在酉巳丑。水之生在乾。文庫在癸

陽火龍向子而水出乾口。辛配丙也

龍之生旺絕在艮丙乾。水之生在子文庫在乾

陰金龍向艮而水出乙口。丙配辛也

龍之生旺墓在子申辰。水之生在艮文庫在乙

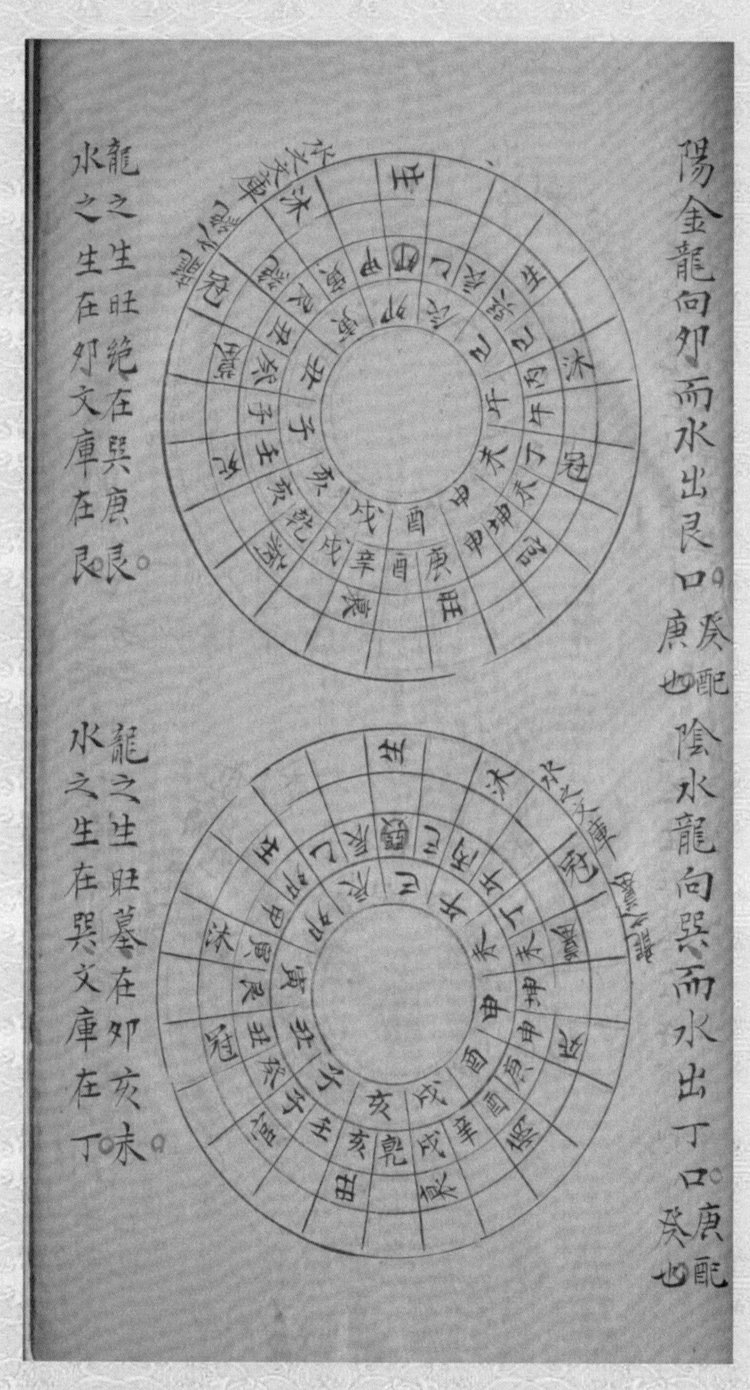

陽金龍向夘而水出艮口。癸配庚也

龍之生旺絕在巽庚艮。水之生在夘文庫在艮。

陰水龍向巽而水出丁口。庚配癸也

龍之生旺墓在夘亥未。水之生在巽文庫在丁。

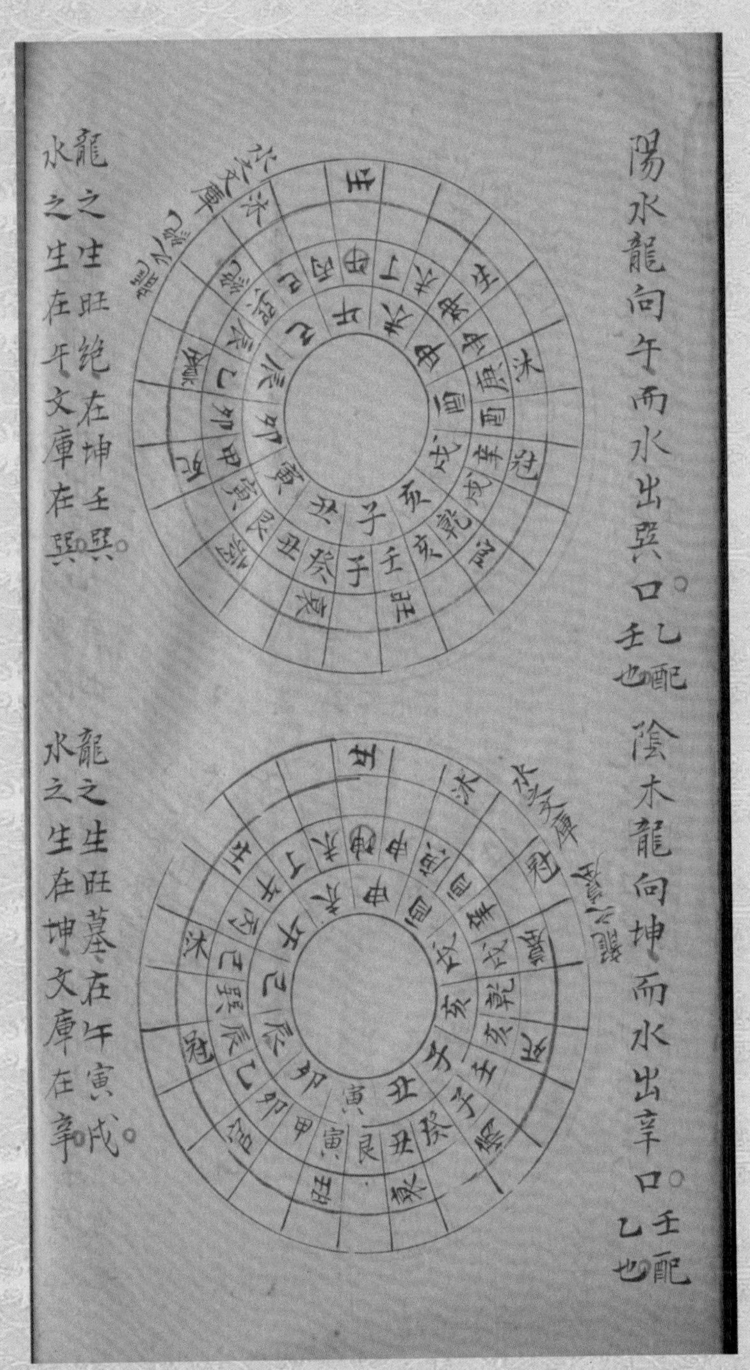

陽水龍向午而水出巽口。乙配壬也

龍之生旺絕在坤壬巽。

水之生在午文庫在巽

陰木龍向坤而水出辛口。壬配乙也

龍之生旺墓在午寅戌。

水之生在坤文庫在辛

八宅吉凶所以然解並圖于後

乾、坎、艮、震、巽、離、坤、兌謂之八宅。凡開門三爻俱應者爲最吉。名曰延壽。下二爻不應而上一爻應者次之。名曰生氣。下二爻應而上一爻不應者又次之。名曰天醫。本宅向後開門亦吉。名曰伏位。此四吉宅。上下二爻不應止中一爻應者大凶。名曰絕命。下一爻不應而上二爻應者次之。名曰五鬼。下一爻應而上二爻不應者又次之。名曰禍害。上下二爻俱應惟中一爻不應者又次之。名曰六煞。此四凶宅。其故何也。蓋易有陰陽老少四象。生氣者乃同象之卦也。延壽天醫者乃同少同老之卦也。而內以上爻有應焉延壽上文不應為天醫本位從後開門乃是自身但曰伏位亦吉。六煞禍害者老少不同而陰陽同內以上文有應為六煞不應為禍害。五鬼絕命者老少不同而陰陽又異內以上文有應為五鬼不應為絕命此吉凶之所由來也

如乾宅坐西北朝東南以本身乾為伏位自後面開門為伏位正北坎為六煞東北艮為天醫正東震為五鬼東南巽為禍害正南離為絕命西南坤為延壽上西兑為生氣餘八宅倣此

西 兑 乾 坎 北 坤 離 南 巽 震 艮 東

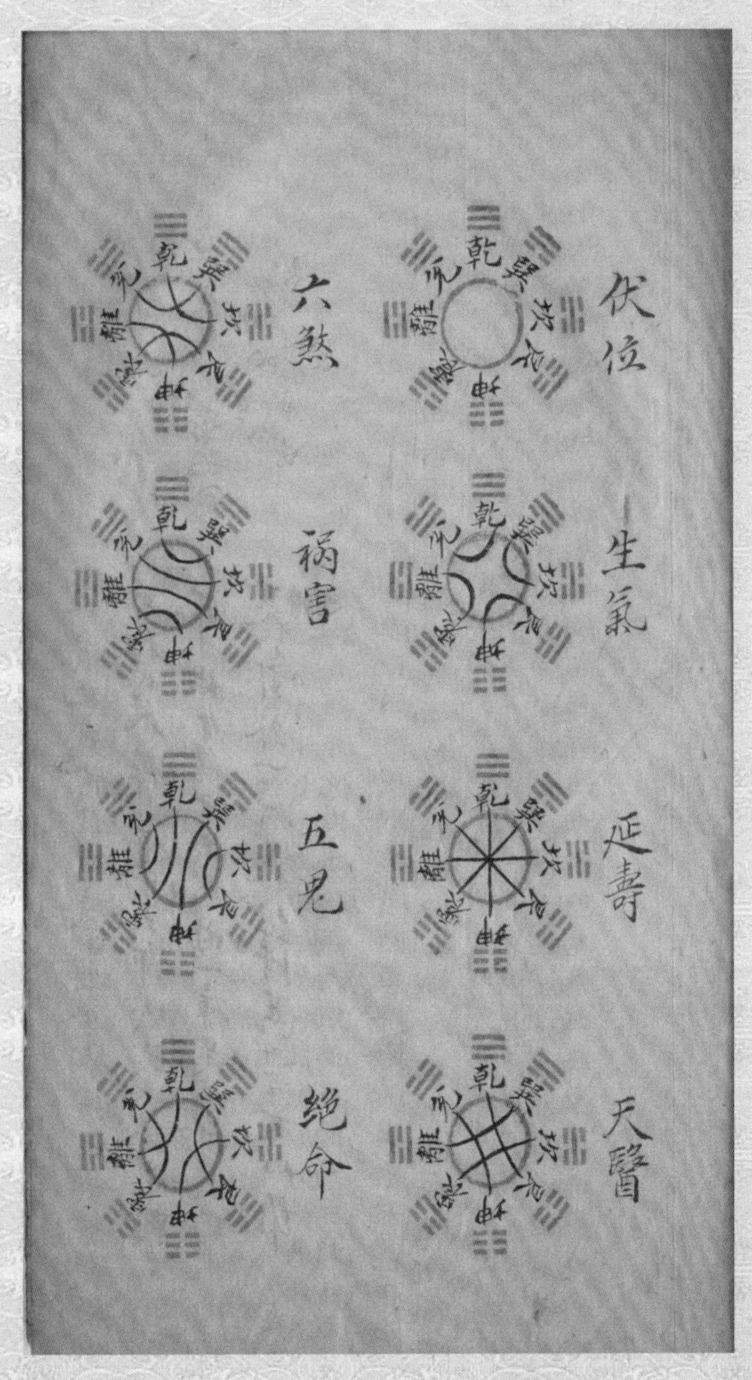

伏位
六煞
生氣
禍害
延壽
五鬼
天醫
絕命

鳥 景
地 死
虎 驚
天 開
風 休
雲 生
龍 傷
蛇 杜

天覆。地載。風揚。雲乘。龍飛。虎翼。鳥翔。蛇蟠。此孔明八陣也。其實即後天八卦之顯名耳。休生傷杜景然。內一層是八門。中一層是八卦。外一層是八陣。其實皆八卦也。